Naturgeister erzählen

Alexa Kriele

Naturgeister erzählen

ch. falk-verlag

Originalausgabe

ischl 11
83370 seeon
Tel.: 0 86 67 / 14 13 Fax: 14 17
http:/www.chfalk-verlag.de

Umschlaggestaltung: Josef Nysten-Riess
unter Verwendung des Gemäldes "*Reigen der Florfliegen*"
von F. Hechelmann, Kunsthalle Schwaben

Illustrationen im Buch: Heidrun Schäfer, Ruhpolding

Satz: Verlagsdienst Alexander Sautter, Wolfegg
Druck: Druckerei Sonnenschein, Hersbruck

Printed in Germany
ISBN 3-89568-062-1

Aus dem Gedicht

Waldeinsamkeit

von Heinrich Heine

- statt eines Vorworts -

Ich hab in meinen Jugendtagen
Wohl auf dem Haupt einen Kranz getragen;
Die Blumen glänzten wunderbar,
Ein Zauber in dem Kranze war.

Der schöne Kranz gefiel wohl allen,
Doch der ihn trug hat manchem mißfallen;
Ich floh den gelben Menschenneid,
Ich floh in die grüne Waldeinsamkeit.

Im Wald, im Wald! da konnt ich führen
Ein freies Leben mit Geistern und Tieren;
Feen und Hochwild von stolzem Geweih,
Sie nahten sich mir ganz ohne Scheu.

Sie nahten sich mir ganz ohne Zagnis,
Sie wußten, das sei kein schreckliches Wagnis;
Daß ich kein Jäger, wußte das Reh,
Daß ich kein Vernunftmensch, wußte die Fee.

Von Feenbegünstigung plaudern nur Toren -
Doch wie die übrigen Honoratioren
Des Waldes mir huldreich gewesen, fürwahr,
Ich darf es bekennen offenbar.

Wie haben mich lieblich die Elfen umflattert!
Ein luftiges Völkchen! das plaudert und schnattert!
Ein bißchen stechend ist der Blick,
Verheißend ein süßes, doch tödliches Glück.

Ergötzten mich mit Maitanz und Maispiel,
Erzählten mir Hofgeschichten, zum Beispiel:
Die skandalose Chronika
Der Königin Titania.

Saß ich am Bache, so tauchten und sprangen
Hervor aus der Flut, mit ihrem langen
Silberschleier und flatterndem Haar,
Die Wasserbacchanten, die Nixenschar.

Sie schlugen die Zither, sie spielten auf Geigen,
Das war der famose Nixenreigen;
Die Posituren, die Melodei,
War klingende, springende Raserei.

Jedoch zuzeiten waren sie minder
Tobsüchtig gelaunt, die schönen Kinder;
Zu meinen Füßen lagerten sie,

Das Köpfchen gestützt auf meinem Knie.
Trällerten, trillerten welsche Romanzen,
Zum Beispiel das Lied von den drei Pomeranzen,
Sangen auch wohl ein Lobgedicht
Auf mich und mein nobeles Menschengesicht.

Sie unterbrachen manchmal das Gesinge
Lautlachend, und frugen bedenkliche Dinge,
Zum Beispiel: »Sag uns, zu welchem Behuf
Der liebe Gott den Menschen schuf?

Hat eine unsterbliche Seele ein jeder
Von euch? Ist diese Seele von Leder
Oder von steifer Leinwand? Warum
Sind eure Leute meistens so dumm?«

Was ich zur Antwort gab, verhehle
Ich hier, doch meine unsterbliche Seele,
Glaubt mir's , ward nie davon verletzt,
Was eine kleine Nixe geschwätzt.

Anmutig und schalkhaft sind Nixen und Elfen;
Nicht so die Erdgeister, sie dienen und helfen
Treuherzig den Menschen. Ich liebte zumeist
Die, welche man Wichtelmännchen heißt....

Inhalt

Erster Abend

2.10.1997

Wir sind zu Gast in einem alten Bauernhaus im Bregenzerwald. Die dort lebenden Naturgeister pflegen noch einen alten Brauch: In den Wintermonaten setzen sie sich zusammen und erzählen Geschichten. Weil wir mit den Menschen dieses Hauses befreundet sind, haben uns die Naturgeister eingeladen, an solchen Abenden teilzunehmen. Wir dürfen in ihrer Runde sitzen, was - wie sie betonen - nicht selbstverständlich ist. Möglich wird das nur, wenn man sich nicht nur innerlich den Größenverhältnissen der Naturgeister angleicht, sondern sich auch körperlich kleiner denkt. Dann zeigen sich die Naturgeister als wissende, weise, humorvolle und erfahrene Erzähler, Lehrer und Freunde.

Die Runde kann man sich vorstellen wie bei Menschen, die an Winterabenden gemütlich um einen Tisch herumsitzen. So setzen sich auch die Naturgeister zusammen, wenn ihnen der Sinn danach steht, das Wetter entsprechend ist, die Mondphase günstig ist oder wenn - wie heute - Gäste eingeladen sind.

Die Naturgeister tragen Wämschen und Pantoffeln, die Weibchen wärmen sich mit Schultertüchern. Alle machen einen wohlgelaunten und munteren Eindruck, es wird gelacht, man neckt sich, macht Witzchen, bis sich einer eine Pfeife ansteckt und beginnt.

“Wenn ihr wollt, erzählen wir euch das Märchen vom Holzweibchen. Wenn einer von euch es kennt, so soll er es sagen, dann erzählen wir etwas anderes. Nein? Also gut.”

Die Geschichte vom Holzweibchen

Vor kurzer Zeit - es ist nur einige hundert Jahre her - gab es einen schönen, sehr alten, ehrwürdigen Baum, und in diesem Baum hauste das Holzweibchen. Das Holzweibchen könnt ihr euch vorstellen wie eine krumm gehende alte Frau mit knochigen Fingern, hervorstehenden Backenknochen, einer gebogenen Nase und unter buschigen Augenbrauen lustig und klug hervorblickenden Augen.

Das Holzweibchen wohnte in diesem Baum, seit er groß genug war, sie zu beherbergen. Sie hatte sich über den Wurzeln im dicken Stamm ein gemütliches Heim geschaffen. Sie lebte allein, ohne Mann und ohne Kinder, was bei Naturgeistern recht selten ist, aber einsam fühlte sie sich deswegen nicht. Sie hatte ja ihren Baum - und ihre Kunst. Die bestand darin, daß sie Holz zum Klingen bringen konnte.

Wenn Sie einen schönen Ast, eine hübsche Wurzel oder einen edlen Stamm entdeckt hatte, krümmte sie ihren Zeigefinger und klopfte ganz leicht gegen das Holz, wartete ein wenig, lauschte und klopfte nochmal. Und dann hörte sie, wie das Holz klang: mal dunkel und sanft, mal klappernd und knochig, mal rasselnd und hell, mal hohl, fast hallend, mal singend getragen, dann wieder ein kurzes ‚Tack-tack' oder ein dumpfes ‚Tock'. Sie konnte einem Baum ein ganzes Lied entlocken, indem sie ihn an verschiedenen Stellen zum Klingen brachte. Oder sie spazierte durch den Wald und spielte eine Melodie, indem sie von Baum zu Baum lief und klopfte. Die Töne folgten ihr wie eine wehend klingende

Schleppe, die sie hinter sich herzog. Sie hinterließ in verschiedenen Tonlagen und Tonfarben klingende Bäume, ja singende Wälder, die noch lange weiterklangen. Das war ihre Lust und Freude.

Sie brachte es in dieser Kunst so weit, daß, wenn die Wälder sangen, sogar die Vögel verstummten und zuhörten. Auch die Tiere, die normalerweise des Tages schlafen, wachten auf, um den Wald singen zu hören. Sogar der Wind, der doch selbst so schön in den Baumkronen wispern und tuscheln und raunen und pfeifen kann, hielt inne, um zu lauschen.

Auch der eine oder andere Mensch, ein Schäfer, ein Kuhhirte oder eine Gänsemagd hörten voll Staunen den Wald singen und klingen und meinten zu träumen. Es kam auch vor, daß das Holzweibchen den Wald verließ und sich in die Gärten der Menschen begab. Da klopfte sie an einen Birnbaum, einen Apfelbaum, einen Pflaumenbaum, eine Linde oder eine Birke. Die Menschen sagten: „Eigenartig, diese klingenden Geräusche!“, „das ist der Wind!“, oder: „welch ein eigenartiger Vogel klopft und singt denn da?“

Eines Tages, als das Holzweibchen in den Obstgärten am Rande eines Dorfes für herrliches Klingen sorgte, war ein Junge so entzückt, daß er in den Obstgarten lief, sich unter die Bäume setzte und einfach sitzen blieb, um zuzuhören. Jeden Ton genoß er, und nachdem der letze verklungen war, saß der Junge noch lange da und lauschte ihm nach.

Von da an kam er jeden Tag voller Hoffnung, lauschte und wartete, ob die Bäume wieder einmal singen würden. Das Holzweibchen merkte das. So kam es immer wieder in diesen Garten, klopfte an die Bäume, brachte sie zum Singen und zum Klingen. Und der kleine Junge saß und staunte und war entzückt.

Er tat all das nicht, was er zu tun hatte, und die Mutter war böse: ”Ein Tunichtgut bist du und ein rechter Taugenichts!"

“Aber Mutter”, wandte der Junge ein, “hörst du nicht die Bäume singen, hörst du nicht, wie wunderbar das klingt?”

“Ich höre nur die Kühe im Stall! Mach, daß du vorwärtskommst und tu was ich dir sage!”

Stets holte sie ihn aus dem Garten und schickte ihn in den Stall, in den Keller, auf den Speicher, in die Blumenbeete, aufs Feld, zum Pfarrer oder zur Nachbarin. Er arbeitete so fleißig und so schnell er konnte, denn er wollte wieder in den Garten, um dort zu warten, daß die Bäume singen. Und von Zeit zu Zeit sangen sie. Da war dem Jungen so leicht und warm um's Herz!

Der Junge wuchs zu einem stattlichen Burschen heran, aber es wurde kein rechter Bauer aus ihm. Die Mutter war betrübt und besorgt, denn sie kränkelte und tat sich schwerer mit jedem Jahr. Der Sohn wurde zwar größer und stärker, aber er konnte mit den Kühen nicht umgehen, keinem Suppenhuhn den Hals umdrehen, den Landarbeiten keine Freude abgewinnen. Sie wußte nicht, wie das werden und wer den Hof weiterführen sollte. Denn das Einzige, was der Sohn von ganzem Herzen gerne tat, war, im Garten zu sitzen und den Bäumen zuzuhören.

So groß der Kummer der Mutter war, so groß war die Freude des Holzweibchens an dem stattlichen Burschen. Sie sagte sich: Wenn Bäume singen und ein Mensch das hören kann, dann soll diesem Menschen das Singen der Bäume zum Geschenk werden!

Der junge Bursche nahm Abschied von seiner Mutter, dem Hof und dem Dorf. Er ging hinaus in die Welt, um etwas zu lernen. Er hatte nämlich gehört, daß es Menschen gibt, die Hölzer zum Klingen bringen können. In der Ferne fand er einen Meister und lernte, wie man Geigen, Flöten, sogar Orgeln bauen und auf ihnen herrliche Melodien erklingen lassen kann. Er brachte es zu einiger Kunst im Bauen von schönen Instrumenten.

Als er sich schließlich auf den Heimweg machte, war aus dem Bauernbursch ein guter und bekannter Instrumentenbauer geworden. Doch ihm fehlte etwas: Der Ton der Bäume in seinem Garten. Nichts, was er bisher gehört, gespielt oder gebaut hatte, war so schön wie das Singen der Bäume im Garten.

Zu Hause machte er sich sogleich an die Arbeit, sammelte Hölzer und baute Instrumente. Sie klangen sehr schön. Doch nie klangen sie so wunderbar wie seine Bäume im Garten. In jeder freien Minute setzte er sich unter diese Bäume und wartete, daß sie wieder singen würden.

Das Holzweibchen sah das und lächelte. Sie ging zu dem Baum in ihrem Wald, der am schönsten klingen und singen konnte, sprach mit ihm und sagte: „Mein Lieber, halte dich bereit!"

Sie verabredete sich mit all ihren Helfern, und als der junge Mann eines schönen Tages wieder durch den Wald zog und Hölzer suchte, um Instrumente zu bauen, führten sie ihn zu jenem Baum, ohne daß er wußte, wie und von wem er geführt worden war. Der Bursche klopfte am Stamm, befühlte die Rinde, bewegte die Äste, klopfte nochmals und legte das Ohr an den Stamm, um dem Klopfen nachzulauschen. Er befand diesen Baum für recht gut ("recht gut", da mußte das Holzweibchen lächeln). Er schlug ihn beim nächsten Mond, lagerte das herrliche Holz und prüfte es immer wieder. Es sang von mal zu mal klangvoller.

Der junge Mann war entzückt von diesem Klang - dem einzigen, der dem der Bäume in seinem Garten nahe kam. Und eines Tages war es soweit: „Jetzt klingst du als Holz so schön, wie zuvor als stattlicher Baum. Und mit dir klingt der ganze Wald, der dich einst umgab. Wirst du auch so bleiben?"

Ja - das Holz blieb sich treu, und der Instrumentenbauer baute eines seiner schönsten Instrumente daraus: eine wundervolle Geige. Als sie fertig war, setzte er sich unter einen der Bäume in seinem Garten und fing an zu spielen.

Und was soll ich euch sagen? Es klang, als wenn die Bäume singen. Die Vögel hielten mit dem Zwitschern inne und hörten zu, die Tiere kamen aus dem Wald und lauschten, die Menschen in der Nähe liessen ihre Arbeit liegen, liefen herbei und lächelten, ja, manche weinten. Sogar der Wind hielt still, um den herrlichen Klang nicht zu stören. Das Holzweibchen trat unbemerkt näher und lächelte und nickte und war zufrieden.

Der Instrumentenbauer spielte auf einem Instrument, das einen so schönen Klang hatte, daß bald alle Welt zu ihm kam und von ihm Instrumente haben wollte.

Er baute bis an sein Lebensende Instrumente, und zwar immer mit Hölzern, die er in diesem Wald durch dieses Holzweibchen fand. Er nahm keine anderen Hölzer mehr. Das Holzweibchen ging immer voraus und suchte die besten Bäume aus. So kam es, daß das Holzweibchen und der Instrumentenbauer zusammen arbeiteten, ohne daß es der Instrumentenbauer jemals geahnt hätte. Aber das machte dem Holzweibchen nichts aus, es freute sich daran, daß wenigstens ein Mensch das Singen der Bäume gehört, geliebt und ernst genommen hat.

Vom Naturgeist, der Ruhe und Frieden suchte

Im Wald dort hinten lebte ein Naturgeist, der Vögel dressierte, mit ihnen vertrauten Umgang pflegte, mit dem sie sprachen und dem sie gehorchten.

Ursprünglich war dieser Naturgeist wie jeder andere auch. Er lebte und arbeitete im Wald. Dort hatte er seine Freunde, seine Familie und sein Heim. Aber er hatte eine Frau, die über alle Massen viel sprach, und dies in einer Tonlage, die ihm nicht gefiel. Deswegen entschloß er sich, weg zu ziehen. Doch sie war sehr anhänglich und zog ihm hinterher - stets redend und erzählend und über ihre eigenen Worte kichernd. Wo immer er hinging, kam sie hintennach und schnatterte ihm die Ohren voll. Schließlich zog er in die Nähe eines Hauses, wo es Hühner gab. Hier lebte er fortan zwischen den Hühnern. Da schnatterte alles und krähte und quakte und gickerte und gackerte - und da fiel das Geschnatter seiner Frau nicht so auf.

Mit der der Zeit merkte er, daß diese Vögel, auch wenn sie unendlich viel und recht dämlich gackerten, nicht dumm waren und daß man mit ihnen sprechen konnte. Man konnte seinen Spaß mit ihnen haben, ihnen z.B. befehlen: „Geht da hinauf, geht dort hinunter, dort hinein, da wieder heraus, setzt euch auf der Stelle! Steht wieder auf, lauft im Kreis, schlagt mit den Flügeln, dreht euch, bleibt jetzt wieder sitzen.“ So trieb er die lustigsten Spielchen mit ihnen.

Die Menschen schüttelten die Köpfe. Sie konnten ihn ja nicht sehen und wußten nicht, was mit dem Federvieh geschehen war, das sich so eigenartig benahm. Aber ihm machte es Spaß, er trieb es immer toller. Er ließ die Hühner auf einem Bein hüpfen, mal vorwärts, mal rückwärts, oder er hieß sie, mit ausgestreckten Flügeln plötzlich mitten auf dem Hof in starrer Pose stehen bleiben. Er hieß sie, sich eins dem anderen auf den Rücken hocken und Türme bilden, sich in Reih und Glied zum Körnerpicken aufstellen oder sich zwei und zwei tanzend im Kreise drehen. Der Bauer und die Bäuerin verzweifelten darob fast. Nun schimpften und jammerten und schnatterten und gackerten auch sie.

Da wurde es dem Naturgeist zu viel, er sagte „Adieu!" und verschwand. Er ließ die Hühner, seine Frau, die Menschen eines Nachts hinter sich, so, daß seine Frau diesmal nicht wußte, wo er hingegangen war. Er nahm Wohnung jenseits des Berges dort drüben, wo der Wald aufhört, es dann so ein bisschen abfällt und sich das Feld anschliesst.

Ja, nun war er also allein. Er langweilte sich, aber zurück wollte er auch nicht. Da kam ihm die Idee, es mit anderen Vögeln zu versuchen, zu denen keine Menschen gehörten, die nicht so viel gackerten und die außerdem immer wieder wegfliegen konnten. Mit diesen Vögeln fing er an zu arbeiten und das heißt: zu sprechen. Er rief sie zu sich, ließ sich aus fremden Ländern oder von den nächsten Dörfern erzählen, was sich so zugetragen hat. Dann gab er ihnen Aufträge, nannte Flugziele, wo sie hinfliegen sollten, um Nachrichten zu übermitteln, und hieß sie Botschaften und Neuigkeiten zurückbringen.

Mit der Zeit wurde er berühmt und begehrt. Rasch sprach sich herum: Bei ihm konnte man Nachrichten aufgeben und empfangen. Bald konnte sich kaum ein Naturgeist noch vorstellen, wie er ohne diese Möglichkeit überhaupt hatte leben können. So war der Naturgeist bald wieder um seine Ruhe gebracht.

Denn jetzt standen von morgens bis abends Naturgeister um ihn herum und schrien und riefen durcheinander, daß der eine eine Nachricht dorthin bräuchte und der andere eine wichtige Information hierhin, und der Nächste dringend auf etwas wartete von da oder dort und der Nächste irgend jemand etwas zu sagen habe, der vermißt sei oder weit weg.

So fand er sich wieder inmitten einer schnatternden Schar - diesmal nicht von Hühnern, sondern von Naturgeistern, von durcheinander laufenden und durcheinander quakenden kleinen Leuten, so daß er auch diese Arbeit beendete.

Er sagte „Adieu", ging und ließ die Vögel und die Naturgeister zurück wie zuvor die Hühner und seine Frau. Er ging in den Wald weit hinter den Wiesenhängen dort. Er sprach nicht mehr mit den Vögeln und er wollte auch nichts mehr zu tun haben mit Neuigkeiten und Nachrichten, die angenommen oder geschickt werden sollten. Als ihn die Naturgeister aber dort aufspürten und bettelten, baten, jammerten und lockten, er möge doch zurückkommen, floh er weiter. Er fragte sich: „Wo gehe ich jetzt hin? Wo kann ich in Ruhe und Frieden leben?" Kein Ort im Wald, auf den Wiesen oder in den Feldern schien ihm sicher. Da fiel ihm ein, er könnte sich ins Dorf begeben zu den Menschen.

Das tat er. Er kam in diese Gegend, ging ins Dorf, trat durch eine offene Türe in das nächstbeste Haus ein und gelangte in eine Stube zu Menschen. Verwundert stellte er fest, daß sie ihn weder bemerkten noch gar sahen. Darüber war er ganz und gar nicht betrübt, sondern richtete sich häuslich ein.

Diese Menschen kümmerten sich nur um das, was sie sahen. Sie arbeiteten viel und sprachen wenig miteinander, nur das Nötigste. Es gab auch nicht sehr viele Nachrichten oder Neuigkeiten, die ihnen zugetragen wurden oder von ihnen ausgingen. Sie lebten karg, sparsam, einsam und schweigsam. Kaum dass je ein Fremder das Haus betrat oder ein Freund sie besuchte. Der Mann ging oft aus dem Haus, dann blieb die Frau alleine und war vollends still.

Der Naturgeist lernte also: Im Wald, auf dem Hof, auf dem Feld mit Tieren und den anderen Naturgeistern findet man die Ruhe nicht, die man findet, wenn man bei Menschen lebt, die einen nicht wahrnehmen. Da er nicht gesehen wurde, wurde er auch um nichts gefragt oder gebeten. Er wurde nicht gestört und war nun also freier als in der freien Natur. Er lebt in diesem Hause wohl immer noch glücklich in Ruhe und Frieden.

Er tat also genau das Gegenteil von dem, was ihr tut. Ihr geht aus dem Dorf in den Wald, um dort Ruhe und Beschaulichkeit und Frieden zu suchen. Wir Naturgeister gehen in Menschenhäuser, um dort Ruhe und Frieden, Schweigsamkeit und Beschaulichkeit zu finden.

* * *

Ist der, der das erlebt hat, derselbe, der es erzählt hat, der mit der Pfeife?

Ob das eine Geschichte von mir selber war? Ha ha ha! Ich will nicht zu viel gefragt sein. Ich will meine Ruhe und rauche mein Pfeifchen und rede nur, wenn es mir passt. Wenn du meine Frau gehabt hättest, wärst du auch so.

Wollt ihr noch etwas hören? Ja, also dann erzähle ich euch noch eine Geschichte:

Das Tränentüchlein

Es stand einmal irgendwo ein Bauernhäuschen mit einem hübschen Gemüsegarten und einem Stückchen Wiese voller Obstbäume; dahinter kam ein tiefer Wald. In dem Haus wohnte eine Menschen-Familie mit einer hübschen Anzahl netter Kinder, sieben oder neun mögen es wohl gewesen sein. Man konnte sie schön der Reihe nach aufstellen. Dazu kamen Hunde, Katzen, Federvieh und lustig lachende Spielkameraden aus der Nachbarschaft . Da war eine Mutter, die bei der Arbeit sang, ein Mann, der seine Frau lieb behandelte und mit den Kindern nur selten streng war. Meistens war er sehr liebenswürdig und gerecht gegen Mensch und Tier.

Die Naturgeister liebten diese Familie, weil sie ihnen sehr ähnlich war, und so kümmerten sie sich immer um Familie, Häuschen und Garten. Man achtete darauf, daß die Tiere des Waldes kein Unheil im Gemüse anrichteten, daß die Blumen voll und prächtig blühten, die Kräuter saftig wuchsen, Bäume und Stauden reichlich Früchte trugen, glänzend und duftend. Man achtete darauf, daß zu den Kindern Tiere kamen, die sie streicheln konnten, daß um sie herum Pflanzen wuchsen, die sie pflegen, hegen und bewundern konnten, daß sie nicht gepiekst, gekratzt oder gebissen wurden, daß sie sich nicht verirrten, wenn sie einmal in den Wald liefen sondern stets unversehrt, guter Dinge und voll der aufregendsten Erlebnisse nach Hause kamen.

Zur Kinderschar zählte ein Mädchen, das älteste Kind von allen. Jeder mochte sein liebenswürdiges, sanftes, stilles Wesen. Gerne ging es der Mutter zur Hand, kümmerte sich um die Geschwister, und, wenn es der Vater verlangte, auch um das Vieh. Blieb ein wenig Zeit, so setzte es sich ins hohe Gras zwischen die Blumen und träumte. Es war ein Mädchen ganz nach dem Herzen der Naturgeister.

Als aus dem Mädchen langsam eine junge Frau wurde, da merkten die Naturgeister sehr wohl, daß da eine gewisse Sehnsucht in ihren Augen lag und daß diese Augen immer ganz besonders einem Jungen nachblickten, der auch in diesem Dorfe wohnte und den die Naturgeister ebenfalls in ihre Herzen geschlossen hatten.

Das Mädchen tat nichts, was es nicht hätte tun dürfen, aber es verbarg seine Gefühle nicht. Der junge Mann merkte bald, daß es ein Auge auf ihn geworfen hatte, und sie gefiel im auch. Sie verliebten sich ineinander, und die Naturgeister feierten ein Fest und freuten sich. Da machten sie Pläne, wie sie die beiden zusammenbringen, wohin sie sie locken, wie sie sie erschrecken, dann wieder erfreuen wollten, daß sie einander festhielten und dann gemeinsam lachten.

Die beiden jungen Leute blickten sich oft geradewegs und lange in die Augen, suchten immer wieder ihre Nähe, berührten sich an den Händen, gingen auch mal gemeinsam spazieren, so daß im Dorf schon geredet wurde. Und an einem dieser Tage, auf einem dieser Spaziergänge, wie sie da so schlenderten Arm in Arm - da passierte es, daß der Kleinen, die herzlich lachte und ihren Liebsten mit großen Augen strahlend ansah, plötzlich ein Stäubchen in's Auge flog. Sie rieb an dem Auge immer wieder und vergebens, bis das Auge rot wurde und tränte. Das Stäubchen lies sich schliesslich durch einiges Blinzeln entfernen.

Sie war erleichtert, daß es nur ein Staubkorn gewesen war, aber auch ärgerlich und ungehalten über ihren Fehler, so heftig am Auge zu reiben, weil sie sicherlich gar nicht mehr hübsch aussah und das Auge nicht mehr so strahlte. Kurzentschlossen riß sie sich ein Stückchen Stoff von ihrer Schürze ab und und hielt es aufs Auge; denn ihr Liebster sollte nicht sehen, was für ein rot tränendes Kaninchen-Auge sie sich da gerieben hatte. Das Tüchlein wurde feucht von den Tränen.

Bald hatte sich das Auge beruhigt. Sie nahm das Tüchlein ab und wollte es in den Graben werfen, da bat ihr Freund um dieses Tüchlein: „Gib' es mir, ich nehme es an mich. Wenn ich dieses Stückchen Stoff bei mir trage, so ist das etwas von dir!" Sie lachte und gab ihm das kleine Stückchen Schürze. Er faltete es zusammen. Es war nicht sehr groß. Er steckte es in die Brusttasche seines Wamses und trug von da ab das kleine Tüchlein stets bei sich.

Nun kam es, wie es kommen mußte: die schönen Tage der ersten Liebe gingen vorüber. Aus Tändelei wurde Ernst: Die beiden heirateten, und die Naturgeister bewachten weiterhin ihre Liebe.

Sie lebten zusammen und bekamen Kinder. Nach jeder Geburt feierten die Naturgeister ein großes Fest und freuten sich. Sie hatten eine Menge Pläne mit diesem Paar und seinen Kindern, die genau so hübsch und entzückend waren, wie es einst die junge Frau als Kind gewesen war. Auch über sie wachten die Naturgeister. Man begleitete und hütete die Familie in ihrem kleinen Häuschen mit dem schönen Garten, der Wiese voller Obstbäume und dem tiefen Wald dahinter.

Nun sollte das nächste Kind geboren werden. Das Kind kam schwer zur Welt, und die Mutter wurde krank. Die Naturgeister eilten, Mittel zu suchen und Heilkräuter zu sammeln. Sie probierten alle nur denkbaren Mischungen, Pülverchen und Säfte aus. Sie befahlen ihren Kindern, ihre Träume zu erzählen - vielleicht fand sich hier ein Fingerzeig. Sie rüttelten die ältesten unter ihnen aus dem Schlafe, daß sie all ihr Wissen zusammenkramen und Hilfreiches erinnern sollten. Sie fragten Steinmeister und Wurzelweiblein. Sie suchten in Klöstern, Schlössern und Gutshäusern nach wirksamen Rezepturen. Sie schickten in andere Naturgeistergebiete zu anderen Königen, um zu erfahren, wie man denn nur helfen könnte. Sie taten alles, was in ihrer Macht stand. und sie taten mehr als für viele andere Menschen - und dennoch half es nichts. Die Frau in der Blüte ihrer Jahre erholte sich nicht, sie wurde krank und kränker, sie wurde schwach und schwächer, sie wurde blaß und immer blasser, - und sie starb.

Trauer lag über dem Dorf, den Wiesen, dem Wald. Die Naturgeister feierten lange Zeit kein Fest mehr, sie waren untröstlich, mindestens so traurig, wie der junge Mann mit seinen Kindern.

Sie überlegten, was sie wohl tun könnten, um ihm wenigstens eine kleine Freude zu bereiten. Und da fiel ihnen das "Tränentüchlein" ein. So hatten sie - an jenem sonnigen Tag noch im Scherz - das Stückchen Stoff aus der Schürze des Mädchens genannt. Sie wußten, daß das Tränentüchlein immer noch zusammengefaltet in der Tasche in dem Wams steckte, das der Mann stets trug.

Nun beauftragten sie immer einen von ihnen, abends unter dem Fenster zu warten, bis der junge Mann sein Wams über den Stuhl gehängt und sich zu Bett begeben hatte. Wenn er dann schlief, sollte der Wächter in seine Kammer steigen, ohne Geräusche zu machen und ihn oder die Kinder oder Hund oder Katze zu wekken. Er sollte vorsichtig in die Tasche des Wamses schlüpfen, das Tüchlein herausholen und es mit einigen Tropfen duftenden Öls oder Wassers benetzen.

Jeder der Naturgeister wählte einen anderen Duft. Der erste beträufelte es mit Rosenwasser. Am nächsten Morgen erwachte der Mann traurig, niedergeschlagen und hoffnungslos - wie er des Morgens zu erwachen pflegte - , geplagt nach einer Nacht voller Tränen und schwerer Träume. Er griff nach seinem Wams noch halb im Schlaf und stutzte: Etwas war anders. Irgendwie roch es anders als sonst um das Wams und jetzt auch um ihn herum. Woher der wunderbar tröstende, sanfte Duft wohl kommen mochte? Er griff in die Tasche und zog das Tüchlein heraus. Es war feucht,und es duftete wie ein ganzer Rosengarten! Da konnte er zum ersten Mal seit langem wieder lächeln. Er steckte das Tüchlein wieder an seinen Platz. Den ganzen Tag war ihm, als begleite ihn ein wunderbarer Garten voller Rosen, als ginge er auf Rosen, als sei er von Rosen umgeben, in Rosen geborgen, durch Rosenduft getröstet. Als er sich des Nachts zu Bett begab, da war ihm, als schliefe er auf Rosen gebettet.

In der nächsten Nacht kam ein anderer Naturgeist und ließ auch wieder ein paar Tropfen auf das Tränentüchlein tropfen. Diesmal waren es Narzissen, nach denen das Tüchlein duftete. Am anderen Tag war es der erdige Duft feuchter Moose. Und am nächsten Tag wieder war es das kühle Meersalzwasser aus den weit entfernten Meeren, das heilend, helfend, kühlend und beruhigend wirkte.

Jeden Tag überraschte das Tüchlein erneut mit einem anderen Duft. Mit der Zeit gewöhnte sich der junge Mann daran, morgens zuallererst das Tüchlein an sein Gesicht zu halten. So wurde es ihm bald zur Gewohnheit, die Tage, einen nach dem anderen, mit einem Lächeln zu beginnen. Bald ging er durch den ganzen Tag lächelnd, geborgen und getröstet.

Nach und nach fingen auch die Kinder wieder zu lächeln an. Aus dem Lächeln wurde auch manches Mal ein zaghaftes Lachen. Nach und nach war das Haus erfüllt vom Lachen des Mannes und vom Lachen der Kinder.

Da feierten die Naturgeister wieder ein großes Fest und freuten sich.

Das Tränentüchlein trug der junge Mann immer bei sich, auch noch, als er ein betagter Großvater geworden war. Und wenn er noch lebt, dann tut er es auch heute noch.

* * *

Wollt ihr noch etwas hören? Dann erzähle ich euch, warum die Kirchenglocken von Alberschwende so schön klingen.

Die Kirchenglocken von Alberschwende

Also, es gibt Menschen, die die Kirchen bauen, und Menschen, die diese Kirchen besuchen. Aber glaubt nicht, daß sie die einzigen sind, die die Kirchen bauen, beleben und erhalten, jedenfalls dann nicht, wenn man die richtigen Naturgeister vor Ort hat.

Als die Menschen an der Kirche bauten, arbeiteten die Naturgeister auf ihre Art und Weise ebenfalls. Sie schauten sich des nachts die Entwürfe und Baupläne an, inspizierten die Materialen, überprüften den Platz, an dem das Bauwerk errichtet werden sollte, und sie waren zufrieden. Sie sprachen mit Steinen, Hölzern und Ziegeln, sie vermassen und segneten den Bauplatz, sie sorgten für das rechte Wetter zur rechten Zeit und achteten stets darauf, daß den Bauarbeitern selbst bei gewagten Arbeiten nichts geschah.

Sobald der Rohbau stand, errichteten sie sich in allen Ecken und Nischen kleine Wohnstätten. Viele Naturgeister aus der Umgebung boten sich an, in der Kirche zu wohnen, um die Kirche zu beleben und sauber zu halten, alle schlechten Gedanken, bitteren Worte, bösen Absichten immer wieder wegzuputzen. Diese Kirche ist - wie übrigens viele andere -, bis auf den heutigen Tag voll von kleinen Wohnstätten von Naturgeistern.

Dann ging es darum: Wer wohnt im Turm? Darüber gab es Streit, denn so mancher Naturgeist wollte im Turm ganz oben wohnen und ein schönes Plätzchen mit Aussicht für sich haben. Man stritt hin und her. Die aus den Bergen sagten : „Wir haben das Recht, oben zu wohnen, wir kommen von den hohen Bergen und wir wollen auch hier nach oben, wo wir hingehören!“ Aber die aus dem Dorf sagten: „Schließlich sind wir von hier, wir haben das Recht zuerst zu wählen, wo wir wohnen möchten und wir wollen nun mal oben im Turm wohnen!“ Die vom See her zugewandert waren, sagten: „Aber wir sind die Gäste, den Gästen gebührt das Gastrecht, also dürfen wir entscheiden. Und wir entscheiden uns für den herrlichen Turm.“ So stritten sie sich.

Schließlich besannen sich die Alberschwender Naturgeister auf die Höflichkeit und sagten: „Wollen wir es mit dem Gastrecht halten. Laßt die Gäste nach oben in den Turm!“

Die Naturgeister von Alberschwende verzichteten also und ließen die Gäste in den Turm hinaufziehen. Die Gäste richteten sich ein, fühlten sich wunderbar, freuten sich herzlich und benahmen sich wie Leute, die im Turm wohnen und auf die hinunterschauen, die nur unten wohnen. Sie hatten aber nicht daran gedacht, daß im Turm Glocken aufgehängt werden sollten.

Nun kamen die Glocken. Sie wurden in Betrieb genommen und läuteten aus voller Kraft. Das war ein Schreck! Was aus der Ferne als schönes, volles und wohlklingendes Geläut ertönt, ist nämlich im Turm kaum zu ertragen, jedenfalls nicht für Naturgeister.

In aller Herrgottsfrühe passierte es zum ersten mal: Hin und her schwangen die Glocken und die Klöppel schlugen mit aller Kraft an, dass das Gebälk zitterte und bebte und die Naturgeister selbst ihr eigenes Schreien nicht mehr hören konnten. Sie wurden von dem Dröhnen fast hinausgeweht. Sie mußten sich festklammern an Hölzern und Leisten, die sie gerade zu fassen kriegten, damit sie nicht hinausgeläutet wurden und hinunterfielen. Alles zitterte und bebte und wurde über den Haufen geworfen - und das jedes Mal, wenn die Glocken läuteten.

Sie nahmen sehr rasch von ihrem Domizil Abschied, gingen erzürnt in die Kirche zurück und sagten: „Das habt ihr gewußt! Deswegen habt ihr uns den Vortritt gelassen. Jetzt könnt ihr dort wohnen!"

Die Naturgeister von Alberschwende lächelten und flüsterten sich zu: „Wie gut, daß es ein Gastrecht gibt!" Laut aber fragten sie: „Was machen wir denn jetzt mit dem Turm? Auch er sollte bewohnt sein, auch er will belebt, gehütet und gereinigt sein, was machen wir denn nur?"

Denn nun wollte keiner mehr in den Turm. Schließlich hatte einer eine Idee: „Wir gehen in die Wälder, suchen die Naturgeister, die taub sind und bieten ihnen ein warmes, schönes Plätzchen mit guter Sicht und mit einem Geläute, das sie nicht stört." Sie fanden den einen oder anderen tauben Naturgeist - meistens einen schon etwas Betagteren, aber das machte ja nichts. In den Turm kamen nicht so viele Menschen und daher auch nicht so viele ungute Gedanken, böse Worte, schlechte Absichten. Das Reinhalten des Turmes war also nicht zu anstrengend für die Alten. Ansonsten bot der Turm helle, luftige Räume mit herrlicher Aussicht und Sonne vom Morgen bis zum Abend.

Drei taube Naturgeister nahmen Wohnung im Turm. Bisher waren sie sich unnütz und ungeliebt vorgekommen. Sie hatten jeder für sich allein gelebt und kaum teil am Leben und Treiben der anderen. Jetzt waren sie diejenigen, die man besonders ehrte und denen man alles zuliebe tat: Man buk ihnen Kuchen und versorgte sie mit guten Tropfen aus besten Lagen.

Sie wunderten sich nur, daß die anderen so selten zu Besuch kamen oder dann so plötzlich und unvermittelt davonhasteten. Sie waren durch die Glocken keineswegs gestört, im Gegenteil: Sie liebten die Glocken, denn die waren so glatt und kühl unter den Händen und so schön anzusehen in ihrem Dunkelgold. Die konnte man entstauben und so blitzeblank polieren, daß man sich in ihnen spiegeln konnte. Mit dem Klöppel zu spielen, an ihm hängend hin und her zu schwingen, war ein großer Spaß.

Die alten, tauben Naturgeister kümmerten sich also liebevoll nicht nur um den Turm, sondern auch um die Glocken. Weil sie so schön geputzt, gesäubert und erhalten werden von den Naturgeistern, deswegen klingen diese Glocken auch so wunderschön, und zwar bis zum heutigen Tage. Und die Alberschwender Naturgeister sind bis heute stolz auf ihre gute Idee.

Übrigens: Das Alberschwender System mit den tauben Naturgeistern und den Glocken, das hat inzwischen Schule gemacht, auch in anderen Königreichen.

* * *

Wie wär's mit noch einer Geschichte? Also jetzt wieder eine Begebenheit, die sich wirklich zugetragen hat, allerdings vor eurer Zeit, weil ihr ja nur so kurz lebt!

Die Heilquellen im Bregenzerwald

Die Wälder im Bregenzerwald waren für ihren Tierreichtum bekannt und berühmt. Da wuchsen wohlschmeckende Gräser und wohltuende Kräuter, da gab es das klarste Wasser weit und breit, da herrschten gute Verhältnisse selbst noch im härtesten Winter. Deshalb kamen viele, viele Tiere mit ihren Naturgeistern in diese Wälder und blieben da.

Mitunter gab es aber auch Anlass zu Kummer und Sorge: verletzte, kranke, schwache Tiere, verirrte Junge. Die ansässigen Naturgeister überlegten sich, wie sie helfen könnten. Man brauchte jemanden, der die Tiere pflegen und hegen konnte.

So kam es, daß in diesen Wäldern die ersten von Naturgeistern ins Leben gerufenen und auch von ihnen geführten Tierheime entstanden. Und das geschah so:

Man fragte erst einmal die kundigen alten Naturgeisterweibchen aus der Gegend, die Kräuter, Gräser und Moose kannten, mit denen man lindern, heilen und stärken konnte, und die aus bestimmten Erdarten Heilbrei anrühren konnten, um Säfte und Pulver, Auflagen und wärmende oder kühlende Umschläge zuzubereiten. Aber das allein reichte nicht aus. So schickte man eine Abordnung von Naturgeistburschen in die Stadt am See, die ihr Bregenz nennt, und bat sie, sich kundig zu machen, was es dort an Heil- und Hilfsmitteln noch gäbe.

Die Naturgeisterburschen fragten zuerst einmal die dortigen Naturgeister, wie sie mit ihren Tieren umgehen, wie sie ihnen helfen und was sie ihnen empfehlen. Das brachte einige Ratlosigkeit, denn diese Naturgeister kannten sich vor allem aus mit der Behandlung von Fischen, Fröschen, Schwänen und Enten - das war etwas ganz anderes als die Behandlung von Rehen oder Füchsen. Schließlich wurden die Berglinge an die Menschen verwiesen. Da gebe es einige, die sich auskennten mit dem Zusammenstellen von Pillen, Pulvern, Säften, Einreibungen, Auflagen und Salben.

Also gingen die Naturgeisterburschen zu den Menschen, schauten ihnen über die Schulter, guckten, was sie machten und waren verwirrt: diese Ingredenzien kannten sie nicht. Schon die Farben! Das Weiße war kein Schnee, das Blaue waren keine Kornblumen, das Rote keine zermahlenen Hagebutten. Es stank und staubte und schmierte ganz fürchterlich. Sie konnten sich die Namen der seltsamen Mittel nicht merken. Sie wußten weder, wo man solche Sachen überhaupt finden kann, noch wie man sie mischt und mit ihnen umgeht. Sie konnten die Rezepturen nicht im Kopf behalten, sie brachten ständig alles durcheinander. Wenn sie ein Pulver machen wollten, wurde eine Salbe draus, und wenn sie eine Salbe machen wollten, war es am Ende Sauce .... es wurde immer etwas anderes, als was es hätte werden sollen.

In jenen Tagen wunderten sich die Apotheker in Bregenz, daß ihnen so viel mißlang, daß ihnen das abends angerührte Pulver morgens zu festen Brocken zusammengebacken war, daß die Salbe zur Sauce verdünnt aus dem Behälter tropfte und daß Tabletten zerfielen, wenn man sie in die Finger nahm, so daß sie immer wieder von vorne anfangen mußten.

Ihr ahnt es schon: Das lag daran, daß die Naturgeister immer wieder versuchten, mitzumischen. Nach vielen mißglückten Versuchen schüttelten sie den Kopf und gaben auf: „Wir können das nicht, zum Apothekersein nach Menschernart sind wir nicht geeignet."

Man empfahl ihnen, die großen Bücher zu lesen, die in den Klöstern in den Regalen standen. Sie fanden in den Klöstern die Bibliotheken und dort die medizinischen Werke. Aber sie wußten nicht, ob man von links nach rechts oder von rechts nach links liest, von oben nach unten oder von unten nach oben, ob man ein Buch vorwärts oder rückwärts blättert. Von Büchern hatten sie zwar schon gehört, gesehen aber hatten sie bis dahin noch keines. Sie versuchten alle möglichen Leseformen und -richtungen, aber es ergab keinen Sinn.

Sie hatten nun niemanden mehr, an den sie sich hätten wenden können. So beschlossen sie, sich wieder auf den Heimweg zu machen, zurück in ihre Berge und Wälder.

Sie gingen einen Weg entlang, der durch eine felsige Schlucht an einem Bach entlangführt. Und während sie da vor sich hintrotteten, traurig und ratlos und ohne ein Wort, da geschah es, daß sie in der Stille das Wasser rauschen hörten, und in dem Wasserrauschen hörten sie ein Murmeln. Sie bemerkten, daß es Worte waren, die da gemurmelt wurden, Worte, die sich zu Sätzen reihten. Sie staunten und machten Rast.

Nach einer Weile des Lauschens wagten sie zu fragen: „Wer redet da?"

Und sie hörten das Wasser murmeln: „Das sind wir, das sind wir, das sind wir!"

„Wer seid ihr?," fragten sie.

„Wir, die Wasser, wir, die Wasser, wir, die Wasser von weit her!"

„Ja, könnt ihr uns denn helfen?"

„Wir wissen viel, wir wissen viel, wir wissen viel mehr als ihr wisst!“

„Wißt ihr denn auch, wie man kranke Tiere pflegt, schwache oder verletzte Füchse und Rehe?“

„Das wissen wir wohl, das wissen wir wohl, das wissen wir wohl, was dachtet ihr!“ murmelte das Wasser.

So saßen sie da und waren verdattert und wußten nicht so recht, was sie davon halten sollten. Sie berieten und kamen zu dem Schluss: „Auf das Wasser zu hören kann nicht schaden, vielleicht aber viel Gutes bringen. Von dem Wasser nehmen wir einfach mit, soviel wir können.“ Gesagt, getan. Einer nahm ein Stück hohlen Baumstamm, ein anderer sein Essgeschirr, wieder einer zog ein Becherchen aus der Tasche, und wer gar nichts anderes fand, der nahm seine Mütze. So kamen sie fröhlich mit viel Wasser wieder heim.

Die anderen Naturgeister machten wütende Gesichter und zürnten: „Das ist alles, war ihr mitgebracht habt? Wo bleiben die weisen Ratschläge, die guten Rezepturen, das große Wissen, wie sollen wir jetzt den Tieren helfen? Mit dem bißchen Wasser?“ „Oh,“ antworteten die Naturgeister, „täuscht euch nicht, wir haben das Wasser gefragt, ob es helfen kann, und es will und wird helfen!“

Sie gossen das Wasser in eine große Schale, und die gaben sie den Naturgeisterweiblein vor Ort. Die wußten sehr wohl etwas damit anzufangen: Sie fragten das Wasser, und es antwortete. Nach seinen Angaben mischten sie ihre Kräuter in das Wasser, rührten ihre Breie an und bereiteten Umschläge zu, und das Wasser heilte. Da freuten sich alle, auch die Nörgler. Und immer, wenn das Wasser zur Neige ging, holten sie neues.

So lernten die Naturgeister aus den Wäldern alles was sie brauchten von dem Wasser, das auf seinem Weg durch die Lande mal tief unten im Berg, mal hoch oben am Himmel viel gesehen und gehört hatte, mit Wissen und Weisheit angereichert worden war, - von dem Wasser, das niemals ruhte und unaufhörlich wirkte.

Die Naturgeisterweiblein waren bald weit und breit die Kundigsten in der Krankenpflege. So kreuchte und fleuchte es in den Wäldern, die Tiere gediehen prächtig, froh und heil. Die Naturgeistburschen haben die Stadt bis heute nicht mehr betreten. Wozu auch? Sie brauchten nur bis zum Fluß zu gehen und dort frisches Wasser zu holen - und damit alles Wissen zwischen Himmel und Erde.

Die inzwischen hochgelehrten Weiblein verwendeten das heilende Wasser, um den Tieren zu helfen. Wenn sie es nicht mehr brauchten, weil keine kranken Tiere mehr da waren, dann nahmen sie es und schütteten es irgendwo auf den Waldboden. Aber wie verwundert waren sie, als sie sahen, was das Wasser dort tat: An den Stellen entstanden von selber sprudelnde Brünnlein und kleine Bächlein.

Wenn ihr geschickt seid, dann findet ihr diese Wasserstellen überall im Bregenzerwald. Sie stammen von den weisen Naturgeistfrauen, die das heilende Wasser einst ausgeschüttet haben. Wer davon weiß, der kann die Wasserstellen suchen und finden. Was ihr dann mit diesem Wasser tut, wird heilende Wirkung haben.

Und das ist wirklich so - murmelt der mit der Pfeife.

Zweiter Abend

6.11.1997

Wie die Naturgeister Weihnachten feiern

Der mit der Pfeife: Wenn die Felder abgeerntet sind, die Bäume ihre Blätter verlieren, die letzten Zugvögel sich verabschiedet haben, wenn es rauher und das Licht fahl wird und morgens und abends Nebel über die Wiesen ziehen, dann beginnt für uns schon Advent. Wir sind nicht traurig, daß der Sommer geht. Wir freuen uns viel mehr, daß Weihnachten kommt. Herbstzeit ist für uns eine Zeit der Freude.

Ist Adventszeit, fangen wir an, Farben zu sammeln. Ihr kennt doch den Brauch, daß Kinder Blätter, Nüsse, Kastanien, Blüten, Gräser sammeln. Die Naturgeister-Kinder laufen mit Begeisterung durch den Wald, über die Wiesen und in die Gärten und sammeln schöne, letze Farben: leuchtendes Rot, sonniges Orange, freundliches Gelb, Grün in allen Schattierungen, dunkles Lila oder Brombeerblau. Die Gegenstände, die diese Farben tragen, werden nach Hause gebracht und dort aufbewahrt wie etwas Heiliges. Denn in ihren Farben findet sich die Ernte des Jahres: das Licht, das Leben, die Wärme, das Werden und Vergehen, alle Freude und alles Leid, kurz, ein ganzes Jahr.

Wenn jetzt die Zeit kommt, wo Nebel grau in grau über allem liegt oder Schnee alles zudeckt, wo es fast den ganzen Tag trüb und farblos ist, dann hat man die Farbsammlung als tröstende Erinnerung an das letzte und als bunte Hoffnung für das nächste Jahr.

Während die Kinder Farben zusammentragen, sammeln die Naturgeisterweibchen die Begebenheiten des Jahres ein. Adventszeit ist für uns eine Zeit vielen Redens, Erzählens, Weitergebens.

Die Weiber - das meine ich durchaus liebevoll und anerkennend: Wir sagen nicht 'Frauen,' wir sagen "Weibchen", "Weiblein" oder "Wiebele" oder so ähnlich, je nach Gegend - erzählen sich die Geschichten und Begebenheiten des Jahres, vornehmlich die Liebesgeschichten, die sind das Wichtigste.

Was eine jede miterlebt oder aufgeschnappt hat, wird zusammengetragen: Was ist im Dorf, auf der Wiese, im Wald, bei Hofe, im Nachbarreich bei Menschen und bei Naturgeistern passiert? Welche Liebesgeschichten haben sich zugetragen, besonders die mit einem glücklichen Ende?

Damit hat man für die langen Winterabende genügend zu erzählen. Was könnte besser auf das Fest der Liebe vorbereiten als Liebesgeschichten? Auch den Kindern kann man das eine oder andere erzählen, damit sie daraus lernen, etwas besser zu machen oder zu unterlassen, weil sie ja nun hören, wohin das führt.

Was uns (die 'männlichen' Naturgeister) angeht: Wir gehen nicht sammeln, schon gar nicht Klatsch und Tratsch, wir gehen vielmehr in alle Ecken unseres Königreiches und sorgen dafür, daß alles bereit ist für den beginnenden Winter. Wir schauen: sind Vorräte da, ist alles sicher für die Tiere, ist dafür gesorgt, daß sie überleben können, gibt es etwas, was noch geschützt oder gestützt werden müßte, bevor der schwere Schnee kommt?

So gut wir können, versuchen wir auch Menschen aufmerksam zu machen auf Liegengebliebenes, Vergessenes: Hier ist noch etwas abzusichern, da noch etwas zu reparieren, dort sind die Vorräte zu gering, dort nicht sicher vor Wind und Wetter, hier wird das Dach nicht mehr halten, dort droht eine Brücke einzustürzen ...

Wir versuchen nach allen Regeln der Kunst, die Menschen an solche Stellen zu führen und sie auf Tiere, Bäume, Büsche, Gebäude aufmerksam zu machen, so daß der Winter kommen kann, ohne großen Schaden anzurichten. Das ist unsere Art, den Beginn des Advent zu begehen.

Menschen warnen ist eine mühselige Arbeit - etwa so, wie für euch Steine klopfen. Man braucht viel Geduld und Kraft, Erfahrung und viel Geschick, um zu erreichen, von Menschen gehört und ernst genommen zu werden. Und wer nicht hören will, der wird dann eben fühlen müssen.

Die letzten Wochen und Tage vor Weihnachten, wo auch ihr begreift, daß Advent ist, ist in den Naturgeisterfamilien viel los. So wie ihr machen auch wir uns zu Weihnachten gern eine kleine Freude. Das Geschenk sieht nicht so aus wie bei euch, es geht nicht um Sachen, ihre Größe oder ihren Wert. Um etwas Liebes zu tun und Freude zu bereiten, genügen eine nette Geste, ein Gedicht, ein besonders lieber Liebesbrief, ein selbsterdachter Tanz, ein eigens für den Beschenkten erfundenes Liedchen, ein Pfand mit Versprechen oder ähnliches. Hauptsache es handelt sich um eine Überraschung! Die bereiten vor allem die Kinder. Es ist also nicht so, daß die Eltern den Kindern Sachen schenken, sondern die Kinder denken sich lustige Überraschungen aus für ihre Eltern oder die ganze Familie oder für alle, die in einem Hause oder in einer ganzen Sippe zusammenwohnen. So ist es ja auch in der Heiligen Nacht: Das Kind ist die Hauptperson, das Kind beschenkt die Welt. So halten wir es auch.

Die Naturgeisterweibchen kümmern sich - ähnlich wie bei euch - darum, daß zu Weihnachten das Heim geschmückt ist, daß es schön, licht, feierlich glänzend und angenehm warm ist.

Und jetzt kommt das für euch Interessanteste: Wie gestaltet man bei uns den Weihnachtsabend?

Er beginnt damit, daß die Familie oder die Sippe zusammensitzt. Alle sind da, die dazu gehören, und niemand bleibt vor der Tür. Wer draußen vorbeizieht, auch ein fremder Naturgeist aus einem ganz anderen Königsreich, wird eingeladen. Niemand bleibt allein in dieser Nacht, es sei denn, er wünscht es ausdrücklich und lehnt alle Einladungen ab. Wer eingeladen oder hereingebeten wurde, wird nicht wie ein Fremder mit Vorsicht oder Misstrauen beäugt oder ausgefragt, nichts wird vor ihm versteckt oder verschwiegen, sondern er wird behandelt wie ein Mitglied der Familie. Er benimmt sich dann auch so: er fühlt mit, spricht mit und hilft mit. Meistens bleibt er dann auch, wenn die Weihnachtszeit vorbei ist, ein Mitglied der Familie.

So beginnt die Heilige Nacht: Die Sippe sitzt zusammen und singt, freut sich, lacht, und die Kinder bringen ihre Überraschungen. Es geht also sehr lustig zu - für euch fast überschwänglich lustig für einen Weihnachtsabend.

Später am Abend verlassen alle Familien ihre Wohnstätten und besuchen Tiere, Pflanzen, Häuser, Stallungen, Berge und Seen in ihrem Umkreis, um Licht zu bringen, auch tief in's Gebüsch, in's dichte Unterholz hinein, auch unter die Erde, in Höhlen, Schluchten, Ritzen und Spalten. In alle Ecken und Enden des Reiches tragen die Naturgeister ein Licht.

Mit "Licht" ist nicht eine Lampe oder Kerze gemeint, sondern "das Lichte", also etwa ein hilfreiches Wort, ein guter Wunsch, eine tröstliche Bemerkung, ein lieber Gedanke. Das "Licht" wird aber so in die Hand genommen, als trüge man ein Kerzchen: die andere Hand schützend darüber, daß es nicht verlorengeht.

So wird es in dieser Nacht tatsächlich hell allüberall, jedenfalls wenn man mit den Augen der Naturgeister schaut. Ihr könnt euch das so vorstellen, wie wenn im Sommer Glühwürmchen unterwegs sind. In allen Bäumen, Büschen, Erdlöchern, Höhlen, Ställen, Steinansammlungen, Häuserecken, Zäunen, Wegkreuzungen ... überall leuchten Lichtlein wie kleine Flämmchen, so daß die Erde aussieht wie der Nachthimmel mit seinen vielen Sternen. So blickt man auf eine Erde, die lauter Lichtpünktchen hat, ganze Milchstrassen, und die davon heller strahlt als der nächtliche Himmel. Wie im Himmel, so auf Erden...

Ist es Mitternacht geworden, versammeln sich alle Naturgeister, die zu einem Königreich gehören, auch die, die bei Menschen in Häusern oder bei Tieren in Stallungen leben, auf einer großen Wiese oder Lichtung - der Ort ist allen Naturgeistern bekannt - in einem Kreis.

Dort spielt man das Geschehen um die Geburt Christi herum nach. Das ist der Höhepunkt der Weihnachtsnacht. Nachgestellt werden die Szene in der Grotte, die Szene, in der den Hirten die Botschaft übermittelt wird und Mensch und Tier der Verkündigung lauschen, sowie die Szene, in der die Hirten zu Krippe kommen und das Kind anbeten.

Dort, in der Mitte des Kreises, findet das ganze Weihnachtsgeschehen also noch einmal statt, wird die Geburt Christi dargestellt und miterlebt. Alle Naturgeister kommen und sammeln sich um dieses Krippengeschehen, als wären sie die Hirten. Sie nehmen Teil, spielen mit, verhalten sich so, wie die Hirten von damals.

In den allermeisten Fällen sind bei einem solchen Krippenspiel auch Engel anwesend. Für uns Naturgeister ist dies einer der wenigen Momente, in denen wir direkt mit Engeln sprechen und sie mit uns. Dann wird gemeinsam gesungen, gemeinsam still angebetet und verweilt.

Geht man wieder nach Hause, ist es bereits Morgengrauen. Nun sitzt man normalerweise noch einmal gemeinsam um den Tisch und nimmt ein Frühstück ein. Man freut sich, zusammen zu sein und läßt die Nacht ausklingen, bis es heller Tag geworden ist.

Habt ihr Fragen dazu ?

Ist es richtig, daß in der Weihnachtsnacht die Tiere zu den Menschen sprechen?

An Weihnachten um Mitternacht ist eine ganz direkte Verbindung möglich zwischen Engeln und Naturgeistern, zwischen den himmlischen Wesen und den irdischen Wesen, zwischen Himmel und Erde. Es besteht eine fast paradiesische Einheit zwischen Himmel und Erde. Der Himmel ist der Erde so nah wie selten, und die Erde dem Himmel gegenüber so offen, wie sonst zu keiner Jahreszeit. Zu diesem Zeitpunkt, um Mitternacht, ist mancherlei möglich. Man kann sagen, daß dann die Tiere sprechen. Ob sie aber auch zu euch Menschen sprechen? Das wage ich zu bezweifeln. Jedenfalls sprechen sie mit dem Himmel. Sie können für eine kurze Stunde direkt mit den Engeln sprechen, ihnen danken, sie bitten, ihnen ihr Leid klagen, sich in ihnen geborgen fühlen, ihnen nah sein und von ihnen gestreichelt werden.

Sonst brauchen wir ja die Menschen als Vermittler zwischen Himmel und Erde. Das ist der einzige Moment im Jahr, wo wir die Menschen dazu nicht brauchen. In der Weihnachtsnacht sind wir dem Himmel so nah wie die Menschen, die guten Sinnes und Trachtens sind. Weihnachten ist wunderbar.

Ist unsere Weihnachtsnacht am 24.12. identisch mit eurem Datum?

Ja. Aber wir haben keinen Kalender wie ihr, auch keinen Adventskalender, sondern wir richten uns nach dem, was uns verschiedene Feenwesen sagen. Und die sagen uns, was der Himmel sagt, z.B.: „Jetzt noch einmal schlafen, dann ist es so weit, dann kommt die Heilige Nacht."

Man hört auch, wenn Weihnachten kommt: der Himmel klingt in einer ganz bestimmten Art und Weise. So klingt er nur an Weihnachten und dann das ganze Jahr über nicht mehr. Jeder Naturgeist hört das. Also es wundert mich, daß Menschen das nicht hören. Ihr solltet einmal darauf achten, wie der Himmel an Weihnachten klingt, als würde er singen. Das tut er nur in dieser Nacht. Übrigens habt ihr das in einem Brauch eingefangen: Ihr läutet das Weihnachtsglöckchen, wenn ihr mit dem Heiligen Abend beginnt. Wir hören den Himmel läuten und singen und klingen.

Woher wissen die Feen, wann Weihnachten ist?

Sie wissen es tatsächlich vom Himmel, sie sind fein genug, sie stehen mit den Engeln in Verbindung. Sie können das, sie reichen bis in die Dimension der Engel hinein. Es gibt sogar Luftgeister, die sich in den Engelscharen auskennen, direkt mit den Engeln zusammenarbeiten, bei ihnen leben und ihnen dienen.

Was sind Feen? Sind das Engel?

Nein, das sind Naturgeister - ganz zarte Wesen, aber viel, viel größer als wir, sehr, sehr große Wesen.

Sind es Luftgeister?

Meistens. Aber wir trennen nicht so, wie ihr das zu tun pflegt. Feen gibt es als Waldgeister ebenso wie als Luftgeister. Auch Sylphen können zur Luft oder zum Wasser gehören. Nymphen gehören normalerweise ins Wasser, es gibt aber auch Nymphen, die in Waldgebiete gehören, zumal in feuchte.

Das trennen wir also nicht so strikt. „Fee" ist ein bestimmtes Merkmal von Feinheit. „Fee" sagt etwas über die Wesensart eines Naturgeistes aus, nicht über seine Zugehörigkeit zu einem Element; es gibt Waldfeen und Luftfeen. Eine Fee sein heißt, von sehr, sehr feiner Textur sein, - wenn man das so sagen darf - es ist etwas schwierig zu erklären. Waldfeen sehen ganz anders aus als das, was ihr als das Naturgeistervolk kennt - sie sind fast durchsichtig.

Eine starre Trennung der Elemente kennen wir deshalb nicht, weil alle Elemente in allen sind - es gibt nicht die Erde ohne Luft und es gibt keine Luft ohne Feuchtigkeit, also ist Wasser in ihr. Die Elemente in ihrer reinen Form gibt es kaum in der Natur. Es ist immer alles in Allem.

Was können wir Menschen tun, um den Naturgeistern das Weihnachtsfest zu verschönern, was würden sie gerne von uns haben? Können wir auch einmal mit euch feieren?

Ach - (nun reden sie alle durcheinander) - die einen wünschen sich, daß ihr mitmacht, die anderen, daß ihr euch solche Lichtchen ausdenkt und weitertragt, die nächsten, daß ihr den Mund haltet, schweigt und lauscht.... also daß ihr euch verhaltet wie Naturgeister.

Wenn ihr bei dem Krippenspiel dabei sein möchtet, solltet ihr schon vorher ein Lichtlein entzündet haben: einen lieben Wunsch zum Beispiel für ein Tier oder eine Pflanze, also ein Licht nach unserer Art, und das zu ihm hintragen. Dann solltet ihr den ganzen Ablauf mitmachen und nicht nur einen Teil davon. Dann könnte das gelingen. Nun in einer Reihenfolge:

Erstens:

Das erste, worum wir euch bitten, ist, daß ihr in Familie seid. Das heißt nicht unbedingt, ihr müßtet die Familie im engeren Sinne versammeln. Aber nach Möglichkeit beginnt der Weihnachtsabend in der Familie. Und dann: Mit wem immer ihr an diesem Abend sprecht, der ist ein Familienmitglied: euer Vater/ eure Mutter, euer Bruder/ eure Schwester, euer Sohn/ eure Tochter oder euer Enkel, je nach dem das Altersverhältnis. Jedenfalls gehört er zur großen Familie. Das ist die weihnachtliche Art und Weise, miteinander umzugehen. Weihnachten ist eine „offene Nacht". Der Himmel ist offen, die Augen und Ohren sind offen, die Herzen stehen offen, und auch euer Haus sollte offen sein. Gewöhnt euch daran, in dieser Nacht die Tür zu öffnen, das Haus, euch selbst zu öffnen für den, dem ihr begegnet.

Auch wenn ihr dann in der Christmette seid: Wer neben euch geht oder sitzt, ist heute abend im Herzen euer Anverwandter, und zwar nicht nur von der äußeren Umgangsweise, sondern auch vom inneren Empfinden her. Nehmt Anteil an ihm, habt ihn lieb, seid ihm gegenüber teilnehmend, lächelt ihn an, schaut ihn an, als wäre er ein vertrautes Familienmitglied.

Es kann euch ja auch passieren, daß ihr verreist, oder - viel schlimmer - heimatlos geworden, vertrieben und in der Fremde seid. Oder ihr seid an einem Arbeitsplatz, weil ihr an Weihnachten Dienst habt und arbeitet. Dann solltet ihr das Gefühl haben: Ich bin nicht in der Fremde, das ist nicht nur ein Arbeitsplatz. Für heute abend habe ich sie alle, die dort mit mir arbeiten oder für die ich zu sorgen habe, von Herzen lieb, als wären sie meine Geschwister. Und wo immer ich gerade bin, da bin ich zu Hause.

Ist euch das verständlich ? - Ist ja auch nicht so kompliziert.

Zweitens:

Macht euch klar, daß das Licht, das da auf die Welt kam, jedes Jahr wieder neu in die Welt kommt, und daß alle, die davon wissen und dies wollen, mitbeteiligt sind und dafür Sorge tragen sollten, daß dieses Licht in die Welt kommt. Deshalb feiern wir Weihnachten nicht nur zu Hause, sondern gehen hinaus und tragen unser Licht in unsere Umgebung. Wenn wir es nicht tun, wer tut es dann?

So sollte jeder denken, der mitmachen möchte: „Wenn ich es nicht tue, wer mag's dann tun? Also will auch ich gehen und ein bißchen Licht in die Welt tragen, einen Wunsch, einen guten Gedanken, ein liebes Wort." Das setzt ihr dann irgendwo hin, z.B. ans Gartentor des Nachbarn, in ein Fenster oder neben euch auf die Kirchenbank, und wer immer dort sitzt, der bekommt es dann. Wenn ihr mit dem Auto fahrt: kurbelt an irgendeiner Straßenkreuzung kurz das Fenster hinunter und laßt dort euer kleines

Lichtlein fallen. Dort wird es dann leuchten und allen Vorbeikommenden Segen bringen. Es gibt so viele Möglichkeiten - nutzt sie!

Drittens:

Das Nächste wäre dann die Mitternachtsteilnahme. Wo das Krippengeschen nachgespielt wird, auf einer Wiese, auf einer Lichtung, in der Schule, in der Kirche - nehmt mit ganzem Herzen daran teil. Bei euch zu Hause gibt es vielleicht kein Krippenspiel, zumindest aber eine aufgestellte Krippe. Versammelt euch um dieses Krippengeschehen, nehmt es ernst, denn es lebt in dieser Weihnachtsnacht. Die Krippe, das sind nicht nur hübsche, in Bewegung erstarrte Puppen oder Figuren aus Holz oder Wachs oder Ton, sondern sie lebt. Wo immer eine Krippe ist, da ist ein Engel und da lebt diese Krippe - mindestens einmal: In der Weihnachtsnacht um Mitternacht.

Wenn ihr euch so verhalten wollt wie wir, dann solltet ihr euch in die Situation der Hirten begeben. Ihr seid informiert worden, ihr wißt jetzt Bescheid, - und jetzt kommt ihr wie die Hirten an diese Krippe und tut das, was die Hirten auch getan haben: Neigt das Haupt, kniet nieder, staunt, weint vielleicht und verweilt in Anbetung. Wenn ihr das tut und wenn ihr es ernst meint, dann könnt ihr empfinden, sehen und hören, wie das Kind sich regt, atmet, lacht oder weint, wie Maria und Josef lächeln, flüstern, leise singen oder murmeln, auch wie Ochs und Esel im Stroh scharren oder leise schmatzend vor sich hinkäuen, ja sogar, wie die vielen Engel anbeten, lobpreisen und musizieren.

Viertens:

Und dann könnt ihr vielleicht noch einen Gedanken an uns, die Naturgeister, verschwenden und euch klar machen, was wir in diesem Moment erleben, nämlich einen heiligen Moment, in dem der Himmel für uns offen ist, in dem alle Wesen, die guten Willens sind im Himmel und auf Erden, miteinander sprechen und sich verstehen können. Erlebt diesen Heiligen Moment des Jahres in unserem Sinne mit. Denkt an die Erde, an alle Tiere und Pflanzen, an alle Gegenden, Gebiete, Länder und Meere, an alle Wesen in und auf und über dieser Erde und wünscht ihnen alles Gute auf ihren Wegen, Frieden und Freiheit und himmlischen Segen.

Vom wohlbeleibten Pfarrer

Im alten Pfarrhaus dort drüben lebten der Pfarrer und eine Köchin. Diese Köchin war berühmt dafür, daß sie besonders gut und sehr großzügig kochte. Das genoß der Pfarrer zwar, aber er bekam nach und nach Schwierigkeiten mit dem Umfang. Sie aber kochte unverdrossen weiter. Schließlich kam unter den Naturgeistern Sorge auf. Sie mochten den Pfarrer gern und sie meinten, es tue ihm nicht gut, wenn er immer fülliger werde. Sie hielten Rat, was zu tun sei. Da gab es feinere und weniger feine Vorschläge. Jedenfalls beschloß man, eine Abordnung von Naturgeistern ins Pfarrhaus zu schicken, die dafür Sorge zu tragen hatten, daß der Pfarrer zu seinem eigenen Wohle andere Essensgewohnheiten annahm.

Das erste, was man versuchte, war, ihn unablässig beim Essen zu stören. Einer warf sein Glas um, so daß er aus Sorge um sein Habit vom Tische sprang und nach der Köchin rief. Ein anderer zwickte ihn, so daß er sich immerzu kratzen und kneifen mußte, bis das Essen kalt und ungenießbar wurde. Wieder ein anderer verlegte sich darauf, des Pfarrers Kleidung durcheinander zu bringen. Mal zog er die Strümpfe nach unten, so daß es dem Pfarrer ordentlich zog um die Knöchel, ein ander mal ließ er die Hosenträger so über die Schultern gleiten, daß der Pfarrer mühselig nach den Trägern grabbeln mußte. Dabei fielen die Ärmel des Habits so weit nach vorne, daß sie in's Essen tunkten. Dann löste er ihm erst die Schnürsenkel und schließlich die Serviette vom Hals. Fast vergaß sich der Herr Pfarrer und begann - Himmel, Herrgott ...- mit einem recht deftigen Fluch, wandelte ihn aber noch rechtzeitig in ein zweites Tischgebet um. Aber er aß nicht weniger, nur dauerten die Mahlzeiten länger. Das Essen wurde wieder aufgewärmt und - hungrig von aller Unterbrechung und Anstrengung - aß er mehr als zuvor.

Ein zweiter Versuch bestand in Schabernack mit dem Essen auf dem Teller. Stach der Pfarrer herzhaft mit der Gabel linkshin, rutschte man das Fleisch ein bißchen nach rechts, wollte er den Knödel gabeln, sprang der über den Tellerrand. Alles, was rollen konnte, rollte davon, alles was kleben konnte, klebte überall, nur nicht an der Gabel. Fleisch und Fisch verhielten sich, als ob sie noch lebten, Würste spritzen, wenn er sie denn mit der Gabel zu stechen kriegte, Knochen flutschen polternd über den Tisch, und Suppen schwappten, so daß weder Serviette noch Habit trocken blieben. So gelang es, daß der Pfarrer aus Zeitgründen, aber auch wegen seiner zunehmend angegriffenen Nerven nicht mehr so viel essen konnte.

Aber das hatte zur Folge, daß er meinte, er sei in letzter Zeit zu nervös und müsse, um sich zu beruhigen, mittags mit einem kühlen Bier entspannen und sich abends noch mehr Wein einschenken. So nahm er wieder an Umfang zu und bekam noch dazu eine rote Nase. Der Sinn und Zweck ihres Einsatzes - das mußten sich die Naturgeister eingestehen - war verfehlt. Nun überlegte man neu.

Das Dritte, was den Naturgeistern einfiel, war, in der Küche für Unordnung zu sorgen. Sie mischten Zucker mit Salz, Zimt mit Pfeffer, Zwiebelsalz mit Curry, Senf mit Honig; in die süße Paprika taten sie roten Pfeffer und so fort. Was folgte, war ein himmlisches Durcheinander - d.h. ein naturgeisterliches Durcheinander natürlich. Die Brätknödelsuppe schmeckte nach Zimt, der Sauerbraten nach Curry, über die Bratäpfel lief der Senf hinunter und der Topfenstrudel war mit Pfeffer bestreut. Alles, was dem Pfarrer aufgetischt wurde, schmeckte exotisch und eigenartig, ekelhaft süß oder brennend scharf und war meist schlichtweg ungenießbar. Dadurch aß der geplagte Pfarrer tatsächlich eine Zeit lang weniger.

Aber das Durcheinander blieb nicht ohne Auswirkungen auf die Köchin, sie verließ sich auf nichts mehr, nicht auf Beschriftungen von Gläsern und Töpfen, nicht auf Geruch oder Farbe und nicht mehr auf ihr Gefühl. Sie suchte im Dorf bei den Frauen nach Rezepten, schrieb sich mühselig und sehr genau auf, wie was zu gehen hatte und wieviel man wovon nahm, und sie probierte immer alles vorher. Das hatte zur Folge, daß sie alle möglichen neuen Rezepte ausprobierte und alles noch reichlicher, bunter, vielfältiger und köstlicher zubereitete. "Wenn ich nun schon am Ausprobieren bin," dachte sie, "koche ich doppelt und dreifach soviel, dann lohnt es sich." Der Pfarrer aß mit noch mehr Wonne und abends noch zusätzlich die üppigen Reste von mittags, so daß er zusehends rundlicher wurde. - So war der dritte Versuch also ebenso mißlungen wie der erste und der zweite.

Die Naturgeister liessen die Köpfe hängen, die Abordnung wurde zurückbefohlen, man tagte und fragte sich, was man denn noch tun könne. Man überlegte hin und her und war in zwei Lager gespalten. Die einen meinten, man müßte weiterhin bei der Köchin ansetzen, die anderen, man müsse beim Pfarrer etwas unternehmen. Aber was? Sie hatten schließlich eine Idee.

Inzwischen hatte der Pfarrer einige gesundheitliche Probleme bekommen, sodaß wegen des einen oder anderen Zipperleins öfter mal der Arzt gerufen werden mußte. Also kam er bald regelmäßig in's Pfarrhaus, schaute sich den Gesundheitszustand seines wohlbeleibten Patienten an und ließ einige Medikamte da. Mit diesen Medikamenten nun wollten sich die Naturgeister beschäftigen.

Die geschicktesten und kundigsten unter ihnen schickte man in's Pfarrhaus, damit sie dort Medikamente zusammenbrauen, die zwar der Doktor nicht kannte, die aber ihre ganz besondere Wirkung tun. Sie mischten dieses Kräutlein mit jenem Pulver, diese Tablette mit jenem Säftchen. Zur richtigen Zeit eingenommen, dämpften diese Mittel auf fast unmerkliche Weise den Appetit. Sie liessen Lust auf Gesundes und Abneigung gegen allzu Fettes entstehen und führten dem Körper Stärkung und das Gefühl von Behaglichkeit und Sättigung zu. Sie erzeugten Ruhe im Magen, Kühle im Kopf, Wärme in den Füssen. Wohligkeit im ganzen Körper entstand, als hätte man ein Gläschen Wein getrunken. So aß der Pfarrer mit Genuss, aber bescheiden; er trank gern, aber in Massen und passte bald wieder in seine Kleider, und sein Gesundheitszustand verbesserte sich von Woche zu Woche.

Soweit, so gut. Allerdings passierte noch folgendes:

Daß der Pfarrer so wenig und abends nach dem Läuten überhaupt nichts mehr aß, mißfiel der Köchin. Sie war davon überzeugt, daß der Pfarrer ihr Essen und mithin sie nicht mehr mochte, so sehr er auch das Gegenteil beteuerte. Sie wurde griesgrämig, übellaunig, verdrießlich und kündigte schließlich. Eigentlich schade - und doch nicht schlecht. Denn die neu eingestellte Köchin kochte weniger, dafür umso abwechslungsreicher und gesünder.

Und jetzt kommt das Unangenehme an der Geschichte: Der

Arzt kam zu hohen Ehren. Er wurde im ganzen Land bekannt als ein sehr guter und ausgesprochen einfühlsamer Doktor, der schwierige, ja selbst hoffnungslos scheinende Fälle mit Leichtigkeit heilen konnte. Er wurde gefeiert, obwohl er gar nichts dazu getan hatte. Ihm wurde alle Ehre zuteil, uns aber nicht. Dabei hatten wir die Kräutlein gemischt und die wunderbar wirksamen Medikamente hergestellt. Nicht einer dachte an uns, nicht einer dankte uns. Das ärgert uns bis heute. Deswegen haben wir bei allen weiteren Pfarrern dann nichts mehr unternommen.

Die Geschichte vom Krönlein

Ihr wißt doch, daß die drei Weisen aus dem Morgenland das Kind anbeten wollten und zur Krippe wanderten. Sie trugen bestimmte Kopfbedeckungen. Das Jesuskind in der Krippe trug auch eine Kopfbedeckung, die ihr als Krönlein bezeichnen würdet - eine kleine Königskrone. Ihr könnt es vielleicht nicht sehen, aber so ist es. Was ihr aus der Passionszeit kennt, die Dornenkrone, ist nicht die einzige Krone, die der Herr getragen hat. Schon das Kind in der Krippe trug ein kleines goldenes Krönlein.

Es hatte seine eigene Art, allen zu danken, die Geschenke brachten. Und zwar schenkte das Jesuskind jedem, der kam, das Kind zu ehren und anzubeten, sein Krönlein. Es war eine innere Geste, für eure Augen wahrscheinlich nicht sichtbar. So oft es sein Krönlein auch verschenkte, es blieb dennoch immer auf seinem Kopf - so, wie man ja auch Liebe verschenken kann und dennoch bleibt das Herz immer voll.

Nicht nur Menschen erhielten zum Dank solch ein kleines goldenes Krönlein, sondern auch Tiere - solche, von denen ihr wißt, wie Ochs und Esel, und solche, an die ihr wahrscheinlich noch nie gedacht habt, wie Ameisen, Vögel, Mäuse und viele andere - und mit ihnen ihre Naturgeister. Auch jedem von ihnen schenkte das Kind damals eine kleine goldene Krone dafür, daß sie Wache hielten oder sangen oder emsig für Ordnung sorgten oder einfach nur kamen, um zu sehen und zu staunen. Diese Krönlein werden seither von den Naturgeistern gehütet, immer weitergetragen und von Generation zu Generation weitergegeben. Eines von diesen goldenen Krönlein ist einst auch durch dieses Land getragen worden. Das kam so:

Ein Naturgeistmädchen, das aus dem Süden stammte, war mit einer ganzen Anzahl von anderen Naturgeistern aus dem Süden unterwegs über die Berge. Sie begleiteten Menschen, die aufgebrochen waren, um hoch im Norden ihr Glück zu suchen. Die Menschen und die anderen Naturgeister waren weitergezogen, nur dieses kleine Naturgeist-Mädchen hatte sich um ein Reh gekümmert, das einen verstauchten Fuß hatte, und darüber vergessen, nach den anderen zu schauen. Die anderen hatten geredet und geschwatzt, das Tun des kleinen Mädchens gar nicht bemerkt und keine Rücksicht genommen, sie waren einfach weitergezogen.

So blieb das kleine Naturgeist-Mädchen alleine zurück in einem bergigen Gebiet, das es nicht kannte, in einer Umgebung, die ihm fremd war, in einem Naturgeisterreich, wo es niemanden hatte, wo es nicht zu Hause war, wo es nie zuvor gewesen war. Das einzige, woran es sich halten konnte, war das kleine, verlassene Rehlein mit dem verstauchten Fuß.

Aber auch das Rehlein kannte sich kaum aus. Es war in seinem kurzen Leben niemals ohne Mutter umhergesprungen, war immer nur ihr gefolgt, ohne sich umzusehen, bis es sich den Fuß arg verstauchte bei einem gewagten Sprung. Die Mutter war auf der Flucht vor übelwollenden Menschen schnell und gehetzt davongeeilt, im Dickicht verschwunden und kam nicht mehr zurück. Das Rehlein wußte nicht ein noch aus.

Das kleine Naturgeist- Mädchen und das Rehlein weinten, eins ums andere und jedes um sich, bis ihre Tränen alle waren. Die Berge waren rauh, so wanderten sie den Bach entlang Richtung Tal.

Das Rehlein humpelte und das Mädchen hüpfte mit seinen

kurzen Beinchen nebenher, über Felsen und Steine, Gestrüpp und Gebüsch, durch Farnwälder und hohes Gras. Die Wiesen wurden grüner, es wurde wärmer, sie gingen jetzt über weiche Matten. Der Bach rauschte tröstend, und wenn sie wieder traurig wurden, plätscherte er fröhlich und kühl um ihre heissen Füsse. Sein Wasser schmeckte köstlich, erfrischte und machte sie munter und zuversichtlich. Sie hatten sich längst angefreundet und versprachen sich, daß sie immer zusammenbleiben würden - das kleine Rehlein und das Naturgeist-Mädchen.

Aber die Naturgeister, auf die sie trafen, waren ziemlich rauhe Gesellen. Sie boten den beiden kein Heim an, sondern beäugten das eigenartige Paar misstrauisch und abweisend. Das fremdartige Mädchen sprach ganz anders als sie und sah auch so anders aus. Und was sollten sie mit einem Reh anfangen, das ein Humpelbein hatte? Keiner kam aus seinem Versteck hervor, keiner sprach die beiden an - sie ließen die beiden vorbeiziehen, ohne ihnen eine Freundlichkeit zu erweisen.

Sie zogen weiter den Bach entlang, immer weiter und weiter. An einem Hang, da waren sie nun so traurig, daß sie nicht mehr weiter konnten. Denn Trauer wirkt etwa so lähmend wie Hunger oder Müdigkeit. Das Herz war ihnen schwer, weil sie hier nirgends willkommen waren. Das Rehlein hatte inzwischen ein geschwollenes Beinchen, das Mädchen wunde Füsse - so saßen sie da am Hang und weinten beide.

Und wie sie so vor sich hinweinten, da entstand aus ihren Tränen eine kleine Pfütze. Sie weinten und die Pfütze wurde größer und schließlich so groß, daß sie sich darin spiegeln konnten. Da hörten sie vor lauter Staunen auf, zu weinen, guckten und sahen sich beide aus der Pfütze entgegenschauen - das Rehlein und das Naturgeist-Mädchen.

Was sie aber zusätzlich sahen, erstaunte sie noch mehr. In dieser Pfütze spiegelte sich nämlich noch etwas, das sie vorher nicht bemerkt hatten: Es spiegelte sich ein Lächeln. Und dieses Lächeln sprach: „Geht nur weiter, ihr zwei, habt keine Sorge, bald seid ihr zu Hause.“

Nun standen sie auf, fühlten sich frisch und munter, sprangen lachend den Hügel hinab, und sie wußten: Jetzt kommen wir irgendwo hin, wo wir dann zu Hause sein werden. Beherzt schritten sie aus und kamen gut voran.

Aber es wurde Abend und sie fanden gar nichts, was nach Zuhause aussah. Das Beinchen tat dem Rehlein weh, und das Mädchen war wieder traurig. Sie setzten sich wieder hin und sagten zueinander: „Sollen wir wieder weinen? Vielleicht gibt es wieder ein Pfütze und vielleicht kommt das liebe Lächeln wieder, das zu uns spricht, und dann sind wir nicht ganz so allein." Und sie bemühten sich nach Kräften, zu weinen, aber es wollte nicht gelingen. Das Rehlein schniefte und schniefte, aber es konnte keine Träne aus den Augen hervordrücken, und das Mädchen schluchzte und schluchzte, aber es half nichts, die Augen blieben trocken. Als sie nun so schnieften und schluchzten, die Augen zudrückten, die Nasen rümpften, die Münder verzogen und einander dabei zusahen, da mußten sie schliesslich lachen. Erst mühten sie sich noch, aus dem Lachen ein Heulen werden zu lassen, aber je mehr sie es versuchten, desto mehr mußten sie lachen, bis sie schliesslich laut prustend im Grase saßen.

In ihrem Lachen hörten sie - und da staunten sie sehr - noch ein anderes Lachen, als wäre es hinter ihnen, obwohl da niemand war. Es lachte ihnen hell und heiter in die Ohren: „Macht euch keine Sorgen, ihr zwei, morgen ist ein neuer Tag, morgen wird wieder die Sonne scheinen, geht nur weiter - bald seid ihr zu Hause.“

Nun schliefen sie heiter, lächelnd, aneinandergeschmiegt ein. Am nächsten Morgen, als die Sonne aufging, brachen sie auf und gingen wieder den Bach entlang ihres Weges. Es wurde Mittag, und es wurde unangenehm heiß, und da war nichts, was heimelig oder einladend wirkte. Kein Naturgeist winkte und sagte: „Kommt zu uns! Bleibt doch hier!“

Da setzten sie sich hin und sagten: „Wollen wir wieder lachen? Vielleicht ist dann das Lachen mit uns und sagt uns wieder etwas ins Ohr.“ Sie kicherten und gluckten, aber es klang hölzern und hart, gepresst und erzwungen. So schaute das Reh dem Mädchen und das Mädchen dem Reh in die Augen, und da war ihnen, als guckte noch etwas anderes aus dem Gesicht des anderen, ein „Blick“, obwohl sie niemanden sehen konnten. Es waren so liebenswürdige, nette, freundlich blickende Augen in den Augen das anderen, die blickten und blinzelten, als sprächen sie: „Geht nur weiter, ihr zwei, habt keine Sorgen, ihr werdet bald zu Hause sein.“

Also faßten sich die beiden ein Herz und gingen weiter. Es wurde Abend und die Nacht verbrachten sie wieder alleine aneinandergekuschelt, aber glücklich und voller Hoffnung. Sie wußten, der „Blick“ hatte gesagt: bald seid ihr zu Hause.

Als nun am nächsten Tag die Sonne aufging und sie zusammen weitergingen, da war es ihnen ganz eigenartig. Mal weinten sie, dann lachten sie, dann blickten sie einander in die Augen. Als die Abenddämmerung kam, gelangten sie in einen Wald und fanden eine wunderschöne kleine Grotte, wie für sie gemacht: Nicht zu groß und nicht zu klein, sicher und trocken, weich ausgepolstert mit Erde und Moosen. In der Nähe der Höhle fanden sie ein Wasser -

dort guckten sie hinein, und da war wieder dieses liebenswürdige Lächeln und sagte: „Na, seid ihr jetzt endlich da?"

Nun mußten sie laut lachen vor Freude, und hörten darin das freundliche Lachen, das sie schon kannten. Das lachte ihnen ins Ohr: „Wie schön, endlich seid ihr da!" - Sie guckten sich ganz erstaunt an, jeder in die Augen des anderen, und da sahen sie auch wieder den freundlichen Blick in den Augen des anderen und dieser Blick sprach: „Jetzt seid ihr zu Hause!" Ach, da war die Freude groß! Glücklich und stolz bezogen die beiden ihre wunderbare Höhle.

Als sie voll Neugier noch ein bißchen weiter hineingingen, um zu sehen, wie groß und wie tief sie denn eigentlich war, da sahen sie ganz am Ende der Höhle ein helles Licht. Erst wurde es dunkel und eng und niedrig, sie krochen trotzdem weiter auf das Licht zu. Schliessich standen sie in einem hohen Raum mit einer Nische, in der etwas hell leuchtete - in der Tiefe des Berges. Sie fassten sich ein Herz und nahmen es in die Hand - nun, ihr könnt euch vorstellen, was das war: eins von den goldenen Krönchen.

Das Krönlein hielten sie heilig in ihrer Höhle. Und sie lebten dort gemeinsam so lange, bis aus dem Rehlein ein altes Reh geworden war.

Und eines Tages starb es. Da war das Naturgeist-Mädchen wieder allein. Darum wollte es nicht länger in dieser Höhle bleiben. Es nahm die Krone und mit der Krone das Weinen, das Lachen und den Blick. Es packte alles zusammen, was ihm gehörte und zog davon. Man hat es in dieser Gegend nie wieder gesehen. Es ist davongezogen, das goldene Krönlein auf dem Haupt.

Es wird irgendwo eine neue Heimat gefunden haben. Dort wird es eines Tages das Krönlein lassen, und ein anderer Naturgeist wird es finden und weitertragen. Und so wird das Krönlein, das einst im Stall vom königlichen Kind einem Naturgeist geschenkt worden war, weiterwandern rund um die Welt. Es wird nirgends und überall zu Hause sein. Und vielleicht kann es geschehen, daß ihr es irgendwo, irgendwann einmal leuchten seht oder einem Naturgeist mit einem solchen Krönlein begegnet.

Wie die Ulrichsquelle entstand

Ihr kennt ja die Geschichte von dem Heiligen Ulrich, der von St. Gallen nach Augsburg wanderte. Er bekam Durst, konnte aber im Walde, durch den er gerade ging, kein Wasser finden. Da klopfte er mit seinem Wanderstab auf den Waldboden und dort entsatnd eine Quelle, die noch heute sprudelt und sehr heilsam wirkt, besonders für die Augen. (Der Pfarrer von Möggers meint, verliebte Leute sollten es sich gut ins Gesicht reiben, dann gingen ihnen die Augen auf.) Aber das ist nur ein Teil der Geschichte. Ich erzähle euch jetzt die ganze Begebenheit:

Der Heilige Ulrich war an Hunger gewöhnt, Durst war ihm schwerer zu ertragen. Deswegen wollten die Naturgeister ihm einen Gefallen tun und ihm die Möglichkeit schaffen, seinen Durst zu stillen. Sie sahen ihn nach Wasser suchen und versuchten, seine Schritte zu lenken und zwar so, daß er ein dort im Wald fließendes Bächlein finden würde. Aber so sehr sie sich bemühten, sie schafften es nicht. Denn der Heilige Ulrich war zwar ein guter Diener des Himmels, aber von Naturgeistern verstand er rein gar nichts und hörte deshalb auch nicht auf sie.

Er ging also betend und singend seines Weges, war aber nicht dazu zu bewegen, sich lenken zu lassen. Man flüsterte, raunte, schrie ihm ins Ohr - er sang nur noch lauter. Man piekste, stubste und kratze ihn, daß er doch seine Schritte mehr zur anderen Seite Richtung Bach hin lenken sollte - er dankte Gott für allen Schmerz und schritt weiter geradeaus. Man sandte ihm zwitschernde Vögel, klopfende Spechte, summende Bienen und aufgeregt flatternde Schmetterlinge, die ihm die Richtung wiesen. Er grüßte sie alle und ging weiter - genau verkehrt. So wurde er immer durstiger. Schließlich gaben es die Naturgeister auf, diesen etwas dickköpfigen Heiligen lenken zu wollen. Da er ein liebenswürdiger Gottesmann war und man ihn sehr verehrte, ließ man ihn gewähren. Er ging wo er wollte, und daran war nichts zu ändern.

Da Naturgeister manchmal auch die Klügeren sind, gaben sie nach. Wo er schreiten wollte, da schritt er, und wo er sich setzten wollte, da setzte er sich eben. Die Sonne stand hoch, er war schon lange unterwegs, und es dürstete ihn. Er saß dort, wo ihr die Quelle kennt, und wollte trinken. Dort war aber überhaupt kein Wasser, weder eine Quelle noch ein Bach, der floß ja ursprünglich woanders. Was taten also die Naturgeister?

In aller Eile, - so rasch wie ihr es euch kaum vorstellen könnt und wie es die Naturgeister selten tun - versuchten sie, die wasserführenden Schichten der Erde so zu verschieben und den Wasserlauf so zu verändern, daß dort, wo der Heilige Ulrich Wasser zu haben wünschte, das Wasser hinkam. Denn wie sich der Himmel gefreut hat über den Heiligen Ulrich, den streitbaren und willigen Diener, so haben sich die Naturgeister seit jeher amüsiert über willensstarke und ein bißchen dickköpfige Menschen und passen ihre Dienste den Notwendigkeiten an. Es gelang mit großer Mühe, so viel Wasser dorthin umzuleiten, daß eine ständige Quelle entstand.

Ihr habt gelernt: Dort wo der Heilige mit seinem Stab auf die Erde klopfte, da entsprang die Quelle, die nach ihm benannt wurde. In Wirklichkeit entsprang die Quelle nur deswegen dort, weil wir uns alle Mühe gaben, ihm seinen Willen zu erfüllen. Wir haben es getan, und eigentlich ist es nicht nur eine Ulrichsquelle, sondern es ist auch eine Naturgeisterquelle. Und es wäre ganz nett, wenn man das ab und zu bedenken würde.

Wir werden die Ulrichsquelle auch weiterhin dort erhalten, wo sie ist.

* * *

Wie können wir Menschen diesen Naturgeistern danken?

Was sie tun, tun sie nicht, weil sie Dank erwarten, aber ehren kann man sie, indem man, wenn man solches Wasser entnimmt, auch einmal an die Naturgeister denkt. Man kann das Wasser in ihrem Sinne verwenden, indem man es nicht nur selber trinkt, sondern auch Pflanzen und Tieren davon gibt. Und man sollte wieder lernen, die Naturgeister wahrzunehmen und auf sie zu hören. Im allgemeinen besitzt jeder Mensch mehr oder minder ausgeprägt die Fähigkeit, uns zu hören und uns zu verstehen. Die meisten wollen aber nicht oder wissen vielleicht gar nicht, daß sie das wollen sollten. Sie kennen auch nicht die fünf Voraussetzungen, unter denen man uns vernehmen kann.

Welches sind diese Voraussetzungen?

Erstens die Stille. Wir sprechen zwar sehr klar und deutlich, aber gegen den Gedankenlärm in euren Köpfen kommen wir nicht an. Äußere und vor allem innere Stille - ohne die könnt ihr uns nicht hören.

Zweitens die Nähe zur Natur - und zwar nicht nur eine äußere, sondern auch eine innere Nähe. Es reicht nicht aus, auf einem Balkon zu sitzen oder in einem See zu schwimmen oder am Sonntag spazieren zu gehen. Die Natur will wahrgenommen und erlebt werden. Ein Sonnenuntergang, ein bestimmtes Licht, ein Sturm, ein Nieselregen wollen innerlich nachempfunden sein. Was ihr seht und hört, sollte euch ganz und gar erfüllen und bewegen. Schwärmerei für die Schönheiten der Natur ist ein guter Weg dahin. Alles kann schön sein. Lernt von den Kindern. Für sie ist ein Regentag, ein Sturm oder Nebelwetter genauso aufregend und spannend, wie das, was ihr „schönes Wetter" nennt.

Drittens die Fröhlichkeit - eine fröhliche Dankbarkeit gegenüber dem Leben und allem, was Leben schenkt und Leben trägt. Und: Alles trägt Leben: nicht nur Tiere und Pflanzen, auch der Wind, eine Wolke, ein Sonnenstrahl, ein Stein.

Viertens die Fähigkeit, auf die Knie zu gehen - äußerlich und auch innerlich. Verlasst eure Größe, sowohl die körperliche wie die geistige, sowohl die wirkliche wie die eingebildete. Lasst eure Ansprüche los, eure Vorstellungen und Urteile. Geht in die Knie, macht euch etwas kleiner, werdet empfänglich, offen, staunend: lasst euch beschenken und überraschen.

Fünftens Wahrhaftigkeit, Echtheit, das sein, was man ist: nicht mehr und nicht weniger, nicht besser und nicht schlechter, sondern einfach das, was man ist. Gebt nicht vor, es gehe euch gut, wenn ihr euch schlecht fühlt. Meint nicht, ihr hättet alles im Griff, wenn ihr doch spürt, daß euch die Dinge entgleiten. Tut nicht mutig, wo ihr euch fürchtet, gebt nicht vor, zu wissen, wo ihr doch wenig Ahnung habt. Mit einem Wort: Gebt auch nicht so „erwachsen", sondern bewahrt die natürliche Art, zu sein. Dann werdet ihr uns vernehmen können.

Dritter Abend

8.12.1997

Vom singenden Mädchen

Es war einmal ein Mädchen, das hütete die Gänse, die Ziegen oder die Kühe seiner Eltern jeden Tag am Bach, am Waldesrand oder auf der Wiese. Das Mädchen war nicht nur schön wie der junge Morgen, es hatte auch eine besondere Art, sich zu bewegen. Was es auch tat, es schien stets zu tanzen. Die Naturgeister hatten große Freude an ihm. Immer wenn das Mädchen in die Nähe kam, ließen die Naturgeister alles stehen und liegen und eilten herbei, um dem Mädchen zuzuschauen.

Nicht genug, daß das Mädchen so schön war und sich so wunderbar durch die Natur bewegte. Das Mädchen besaß noch eine besondere Gabe - es sang, was immer es tat. Es sang süße Melodien, mal fröhlich, mal voller Sehnsucht, mal lustig, mal verträumt, mal laut und klar, mal leise summend, trällernd oder murmelnd, immer sang es vor sich hin.

Nicht nur, daß die Melodien allen zu Herzen gingen, die sie hörten, nein, auch die Stimme dieses Mädchens war - ach, unvergesslich, so klar, so hell, so rein und voll! Wer sie sah oder hörte, war glücklich und schwärmte und träumte noch den ganzen Tag von ihr. Die Naturgeister ließen sich allerlei einfallen, um den Gesang des Mädchens zu erhaschen und zu bewahren. Die Naturgeisterweibchen kamen gelaufen mit Säcken, Eimern und Töpfen, die sie ihr entgegenhielten, um die Stimme einzufangen, taten dann schnell einen Deckel drauf und konnten so ein paar Töne einer Melodie mit nach Hause tragen.

Nur der Naturgeisterkönig war nicht glücklich. Er hatte große

Mühe mit seinem Naturgeistervolk, denn Tag für Tag blieb die Arbeit liegen. Die Kinder blieben allein, die Stuben ungefegt, in den Küchen fehlten die Töpfe, es wurde nichts für den Winter eingemacht, nichts genäht, gewerkelt oder gebastelt, nichts angefangen und nichts fertiggestellt, weil alle eilten, das Mädchen zu sehen und ihm zu lauschen.

So vergingen der Frühling, der Sommer und der Herbst. Der Winter kam und damit eine traurige Zeit für die Naturgeister; denn im Winter sahen sie das Mädchen nicht, es hatte keine Tiere zu hüten draußen in Eis und Schnee. Doch der nächste Frühling würde kommen und mit ihm das Mädchen!

Und der nächste Frühling kam. Alle freuten sich über das Mädchen - außer dem König, der freute sich nur sehr verhalten. Ein nächster Sommer kam und ging, gefolgt vom Herbst, und auch der Winter ging endlich vorbei. Wieder zog ein neuer Frühling in's Land und wieder freuten sich alle Naturgeister auf das Mädchen. Und das Mädchen kam. Aber es sang nicht.

Die Naturgeister erschraken. Besorgt, bestürzt und ratlos eilten sie herbei, keiner konnte es glauben. Das Mädchen ging mit schwerem Schritt. Den Kopf nach vorne gebeugt blickte es zu Boden, und kein Ton kam über seine Lippen.

Man beratschlagte, was zu tun sei. Die Naturgeister hatten alle möglichen Einfälle. Etwas Lustiges sollte es sein! Also ließen sie die Tiere die lustigsten Bewegungen machen: die Kühe hüpften in Bocksprüngen über die Weide, die Ziegen staksten auf den Hinterbeinen daher, die Gänse marschierten im Gleichschritt zum Bach, und die Schweine drehten und wiegten sich in ihrer Suhle. Aber das Mädchen lachte nicht, lächelte noch nicht einmal, und kein Ton kam über seine Lippen.

Die Naturgeister versuchten es mit etwas Schönem. Sie hießen die Vögel sich dem Mädchen auf die Schulter oder auf die Hand setzen und ihre schönsten Lieder zwitschern, sie ließen Schmetterlinge vor ihm tanzen - einzeln und in bunten Schwärmen, sie ließen Blüten von den Bäumen regnen, den Bach Fontänen in verschiedenen Figuren sprühen, sie ließen den Wind in den Blättern wispern und die Sonnenstrahlen helle Bilder auf den Waldboden malen, aber auch das half nichts. Das Mädchen blieb traurig, blickte zu Boden und sang nicht mehr ...

Endlich brachten die Naturgeister aus dem Dorf Kunde. Man hatte herausgefunden, was das Mädchen so arg bekümmerte: Es liebte einen Buben und der Bub auch das Mädchen, aber die beiden kamen nicht mehr zueinander. Sie hatten sich gestritten, sich dann nicht mehr ausgesöhnt und schließlich sogar geschworen, sich niemals wiederzusehen.

Wieder beratschlagte man, was zu tun sei. Die Naturgeister entwarfen und planten, verwarfen, planten auf's Neue. Sie versuchten, was immer sie konnten, um den Buben und das Mädchen wieder zueinander zu führen: In Träumen ließ man sie einander sehen, einander zulächeln und winken voller Vorfreude! Doch morgens rieben sie sich die Augen, schüttelten den Kopf über die wirren Träume und wandten sich dem Tage zu, die Nacht vergessend.

Kleine Dinge begannen zu verschwinden und wieder aufzutauchen: Sie vermisste ein Kettchen, er fand's auf dem Weg zum Bach. Dann wieder fehlte ihm ein Feder vom Hut, die fand sie auf dem Weg hinter den Obstbäumen. Doch sie brachten einander die Dinge nicht selbst, schickten vielmehr Freunde ohne Gruß und weitere Nachricht.

Dann bat man wieder die Tiere um Hilfe. So hieß man die Kühe des Mädchens davonlaufen, so daß das Mädchen weit eilen mußte, um sie wieder einzufangen. Sie fand sie schließlich auf der Wiese, wo der Bub gerade seine Ziegen hütete. Sie ließen darauf dem Buben die Ziegen davonlaufen, so daß er seinerseits hinter ihnen her mußte; und natürlich fand er die Tiere erst am Bach wieder, wo das Mädchen just zu dieser Stunde die Gänse hingeführt hatte. Atemlos und erwartungsvoll beobachteten die Naturgeister die Treffen, doch vergeblich - die beiden blickten aneinander vorbei. Trotzig und zornig, ein wenig wehmütig, aber fest entschlossen starrten sie zu Boden - jedesmal.

Etliche Male ging das so. Da standen sich die beiden eines Tages wieder gegenüber, jeder auf der Suche nach seinen Tieren. Nachdem sie sich erst zornig angeblitzt hatten, mußten sie lächeln, dann lachen, dann fielen sie sich in die Arme und dann war es gut. Der Streit war vergessen, der Trotz überwunden, der Zorn verraucht ... sie hatten einander wieder.

Sie suchten jetzt miteinander ihre Tiere und versprachen sich, von nun an ihre Tiere gemeinsam zu hüten und eins dem anderen nicht mehr von der Seite zu gehen. Von Stund an waren die Kühe und Ziegen brav und folgsam: auf wunderbare Weise gesundet - murmelten die Bauern.

Ach, was war die Freude groß unter den Naturgeistern im Wald, am Bach und auf den Wiesen! Es gab ein Freudenfest, einen großen Tanz. Alle dachten: jetzt ist sie wieder glücklich, jetzt wird sie wieder singen, schöner denn je. Sogar der König freute sich und feierte mit, denn er dachte sich: wenn sein Volk schon nichts tat, dann wenigstens aus Freude und nicht aus Trauer.

Und so warteten am nächsten Tag alle mit großen Ohren, weit

aufgerissenen Augen und erwartungsvollen Gesichtern. Das Mädchen kam. Und wie es strahlte! Es lächelte und tanzte über die Wiesen, und neben ihm ging strahlend und lachend der junge Bursche. Aber sie sang nicht, keinen Ton. Sie sang nicht, sie hatte gar keine Zeit zu singen, denn sie blickte immerzu dem Buben in die Augen, hatte ihn immerzu zu herzen und ihm kleine Dinge ins Ohr zu flüstern. Sie kicherte, er flüsterte ihr etwas zurück, und dann kicherten sie beide. So verging der Tag, und sie hatte nicht ein einzigesmal gesungen.

Am nächsten Tag würde es wieder sein wie früher, da waren sich die Naturgeister sicher. Sie kannten doch „ihr" Mädchen. Der nächste Tag kam, und wieder gingen die beiden gemeinsam des Wegs, einander an der Hand haltend. Doch wieder sang sie nicht, denn sie hatte nur Augen für ihren Buben, keinen Blick mehr für die Natur und keine Zeit mehr für eine Melodie. Und als sie am dritten Tage wieder nicht sang, kehrten die Naturgeister mit ihren Töpfen und Säcken endgültig nach Hause zurück . Denn nun war ihnen klar: sie hatte nur noch Augen für den Buben an ihrer Seite. Wenn sie überhaupt noch sang, dann nur manchmal und nur für ihren Herzbuben, aber nicht mehr einfach so, für Wälder und Wiesen, den Bach und die Tiere, für Sonne, Regen und Wind.

Die Naturgeister waren enttäuscht. Wer hatte sie getröstet und aufgemuntert, wer hatte ihr ihren Herzbuben zurückgebracht? Von da ab hat man keinen dieser Naturgeister mehr gesehen, der sich nochmals in die Herzensangelegenheiten von Menschen eingemischt und dafür gesorgt hätte, daß sie zusammenfinden.

* * *

Diese Geschichte - sagt der mit der Pfeife - geht gut aus für die Menschen, aber traurig für die Naturgeister. Es ist häufig so, daß die Menschen nicht bedenken, wer den Anstoß gegeben hat zu dem, was geschieht. Wen sie nicht sehen, den übersehen sie eben.

Und jetzt erzähle ich euch meine Lieblingsgeschichte:

Die Geschichte vom Spiegel

Es war einmal ein Naturgeist, ein kleiner Junge, der für sein Leben gerne am See saß und in's Wasser blickte. Er wurde es nicht satt, sich im Wasser zu spiegeln, das mal in kleinen Wellen gekräuselt, mal ganz still und glatt war. Der Junge wuchs heran, und ein Gedanke ging ihm nicht mehr aus dem Kopf: Wie angenehm wäre es, wenn ich mich auch zu Hause spiegeln könnte?

Er nahm eine Glas-Schüssel aus dem Schrank, holte Wasser aus dem See, stellte die Schüssel mit dem Wasser auf den Tisch und blickte hinein. Na ja, so ganz überzeugend war das Ergebnis nicht, denn es fehlte ein Teil vom Kopf und ab dem Kinn der Rest. Die Schüssel war zu klein, und außerdem war die Farbe des Wassers nicht schön, eher bräunlich durch den Holztisch, der von unten hindurchschimmerte. Nein, dies Spiegelbild gefiel ihm nicht.

Da hatte er eine Idee. Er grub eine große Grube vor seinem Haus, lief zum See, holte Eimer mit Wasser und goß es hinein. Bald hatte sich eine Wasserfläche gebildet, in der er sich in voller Größe spiegeln konnte. Begeistert spiegelte er sich den Rest des Tages, doch das Wasser versickerte und wurde immer bräunlicher.

Am nächsten Tag war nicht einmal eine Pfütze übriggeblieben. Gleich lief er wieder zum See und schleppte Eimer um Eimer heim zu seiner Grube, bis der Wasserstand hoch genug und der Wasserspiegel groß genug waren, daß er sich so richtig schön darin betrachten konnte. Wie genoß er das Spiegelbad in seinem kleinen See! Jede Minute nutzte er, während das Wasser langsam versikkerte. Als es dunkel wurde, ging er traurig zu Bett, wohl wissend, daß am nächsten Morgen kein Tropfen mehr in seiner Grube sein würde. Es war mühsam und ermüdend, Tag für Tag die vielen, schweren Eimer voll Wasser vom See zu holen. Also dachte er weiter nach, was wohl zu tun sei.

Er fand eine Lösung: Gemeinsam mit Freunden zog er in die Berge und fand dort einen großen Steinbrocken im Geröllfeld oberhalb des Waldes. Den brachten sie bis vor das Haus und meißelten ihn aus, so daß eine tiefe Kuhle entstand. Er füllte Wasser hinein und wartete, bis der Wasserspiegel sich beruhigt hatte. Der Stein war von angenehm neutraler Tönung und hielt das Wasser. So konnte er sich nun, wann immer er wollte, nach Lust und Laune spiegeln. Er hockte sich einfach auf den Steinrand und guckte in seinen wunderbaren Wasserspiegel.

Über Jahr und Tag kam die Zeit, sich eine Frau zu suchen. Es war nicht schwer für ihn, denn die meisten jungen Naturgeistmädchen in der Gegend liebten seinen Spiegel und folglich auch ihn. So suchte er sich die Schönste aus und führte sie heim. Von nun an durfte auch sie auf dem Steinrand hocken Stunden um Stunden - und ihre Schönheit im klaren Wasser spiegeln.

Aber die junge Frau war nicht zufrieden. Sie wollte nicht draußen sitzen bei Kälte und Hitze, und auch nicht länger auf dem harten Felsenrand hocken müssen, bis ihr die Beine einschliefen und das Genick starr wurde. Sie wollte es bequemer haben, und zwar im Haus, damit sie sich auch bei Wind und Wetter spiegeln konnte. Und außerdem wollte sie auch nicht immerzu nach unten gucken, nein, sie wollte, daß sie sich aufrecht von Angesicht zu Angesicht ins Auge schauen konnte.

So begann sie, ihrem Naturgeistermann in den Ohren zu liegen, er möge doch irgendetwas erfinden, damit sie richtig und wie es sich gehört in den Spiegel schauen konnte. Er dachte an die Zeit, als sie ihm noch häufiger in den Armen gelegen hatte, und versuchte mancherlei. Er hängte ein Kristallgefäß mit Wasser an die Wand, aber das Gefäß war zu schwer, der Nagel hielt nicht, es fiel zu Boden und zerbrach. Er suchte einen Stein, der sich so glatt polieren ließ, daß man sich ein wenig darin erkennen konnte, aber das reichte ihr nicht. Im Winter nahm er Eis und polierte es, bis es spiegelblank war, aber das Eis schmolz und tropfte ihr auf die Füsse, und sie zeterte.

Wie er auch nachdachte, er fand keine Lösung, die ihr genügte, bis er eines Tages zu seiner Frau sagte: „Jetzt gehe ich und suche jemanden, der mir sagen kann, wie man einen Spiegel fertigt, und ich werde nicht eher zurückkehren, als bis ich dir einen machen kann!"

So zog er fort und fragte die Naturgeister in anderen Königreichen, ob sie wohl wüssten, wie man einen Spiegel fertigt. Manche wußten gar nicht, was ein Spiegel ist, und wenn er es ihnen erklärt hatte, so wollten sie von ihm wissen, wozu der denn gut sei. Und wenn er ihnen das erklärt hatte, schickten sie ihn rasch weiter, bevor eines ihrer Naturgeisterweibchen ihn hören konnte.

Nach langer Suche und weiter Wanderschaft fand er eines Tages in einer Stadt einen Naturgeist, der wußte, wie man Spiegel fertigt: „Das ist ganz einfach!", rief er aus. „Du brauchst ein Glas und dahinter eine Wand, am besten aus Silber oder Gold, dann kannst du dich spiegeln!"

„Ach", frohlockte unser Naturgeist, „das ist ja wunderbar einfach, das will ich versuchen! Das Glas find' ich allemal, und Silber oder Gold wird es auch noch irgendwo geben. Wohlan, dann kann ich bald nach Hause zurückkehren!"

„Na," meinte der andere Naturgeist, „nun weißt du zwar, wie man einen Spiegel macht, aber du hast noch keinen. Sei auf der Hut!"

Unser Naturgeist verstand nicht, warum der andere einen so warnenden Ton in der Stimme und einen so nachdenklichen Ausdruck in den Augen hatte. „Was soll's", dachte er bei sich, „so sind eben die aus der Stadt", und machte sich auf.

Ein Glas hatte er bald gefunden, aber mit dem Silber und Gold - das war schon schwieriger. Lange Zeit brauchte er! Er verdingte sich, arbeitete, bekam Lohn, aber es reichte nicht, um Gold und Silber zu kaufen. Er ließ sich alte Silberstollen zeigen und suchte dort, wo andere längst aufgehört hatten; er wusch Sand in den Bächen, bis die Hände wund waren, er grub tiefe Erdlöcher, alles vergeblich.

Ja, und eines Tages beschloss er, ein bißchen Gold und Silber von denen zu nehmen, die viel davon hatten. Die würden es gar nicht merken, sagte er sich, er brauchte ja nur wenig, und außerdem war es doch ungerecht, daß die einen so viel hatten und die anderen rein gar nichts. So machte er sich Mut, ging und nahm und mußte hinterher bei Nacht und Nebel verschwinden und lügen. Immer tiefer geriet er in Kreise hinein, mit denen kein ehrenwerter Naturgeist zu tun haben wollte.

Eines Tages hatte er zwar genug Silber, eine hübsche Menge Gold und auch noch ein paar Edelsteine für den Rahmen beisammen. Aber dafür hatte er vieles getan, wovon er nie gedacht hätte, daß er es je tun würde. Er war jetzt reich, aber er fühlte sich ärmer als je zuvor.

Sein Glas unter dem Arm, Gold, Silber und Edelsteine in der Tasche, machte er sich auf den Weg nach Hause. Als er endlich ankam und alles vor seiner Frau auf den Tisch legte, da freute sie sich herzlich und sagte: „Oh, wie schön! Du hast ein Glas, du hast Silber, du kannst einen richtigen Spiegel für mich machen, sogar mit einem goldenen Rahmen, besetzt mit Edelsteinen. Alle werden mich beneiden!“ Er freute sich, obwohl ihm etwas schwer war um's Herz, denn er wußte wohl, wie er zu Gold, Silber und Edelsteinen gekommen war.

Gleich am nächsten Morgen nahm er das Glas, zog das Silber dahinter, legte einen goldenen Rahmen drum herum und setze die Edelsteine in die Ecken, und dann hängte er den Spiegel auf. Tatsächlich, so schön konnte man sich in keinem Wasser spiegeln, wie in diesem wunderbar glänzenden, edlen Spiegel. Seine Frau tanzte und sprang herum, lachte und freute sich, lobte ihn und spiegelte sich.

Da war er stolz und freute sich mit ihr. Doch sein Lächeln war traurig. Er setzte sich draußen allein auf seinen Felsen und guckte in seinen Wasserspiegel. Er wußte nicht warum, aber er mußte ein bißchen weinen.

Seine Frau drinnen freute sich derweil und tanzte weiter vor dem Spiegel. Und da sie war wie alle Frauen, konnte sie es nicht für sich behalten. Am nächsten Tag lud sie alle Nachbarinnen ein. Sie durften Schlange stehen vor dem Spiegel, jede durfte hineinschauen und sich einmal links und einmal rechts drehen.

Am nächsten Tag war die Schlange vor ihrem Haus länger geworden, denn alle Frauen der ganzen Gegend wollten einmal in diesen Spiegel geschaut haben. Wieder einen Tag später kamen die Frauen mit ihren Sachen, denn sie wollten schauen, ob die Jacke besser zugeknöpft oder offen getragen wird, ob das Halstuch in der Farbe zu den Augen passt, ob der Rock auch gut fällt, ob das

Sonntagsgewand an allen Stellen richtig sitzt, das Käppchen schief überm Ohr oder gerade sitzend besser ausschaut und ob auch alles von der Seite und von hinten betrachtet seine Ordnung hat.

Damit nicht genug. Nach einigen Tagen kamen die Männer, die einen verzweifelt, die anderen wütend, die dritten aufgeregt, die vierten schon mit Werkzeugen in der Hand, und bedrängten den Naturgeist: „Wie macht man das? Wo kriegt man das? Meine Frau will auch so einen Spiegel! Und meine erst, die will gleich zwei! Und meine möchte am liebsten einen großen Spiegel, so daß sie sich bis zu den Füssen sehen kann. Und meine möchte einen kleinen Handspiegel, den sie immer bei sich tragen kann, weil sie nicht mehr ohne Spiegel sein mag!"

Sie bestürmten den Naturgeist, ihnen zu verraten, wie man Spiegel macht. Und er sagte: „Das Machen ist nicht schwer, aber wo wollt ihr das Silber und das Gold und die Edelsteine herbekommen?" Ja, da war zuerst große Ratlosigkeit ! Dann rief einer: „Ich hab's! Ich weiß, wo es so etwas gibt!" und rannte davon. Daraufhin rannten alle hinterher. Der eine wollte aber alles für sich haben und stieß die anderen zurück, da gab es Streit. Und es gab so großen Streit im Reiche, daß sich die Männer in verschiedene Gruppen spalteten:

Die einen suchten als Wegelagerer und Diebe ihr Glück, die anderen versuchten, nach Silber oder Gold zu graben und in die Berge einzudringen, daß die ihre Schätze hergäben. Wieder andere versuchten, Silber, Gold und Edelsteine denen weg zu nehmen, die es auf irgendeine Art und Weise ergattert oder gefunden hatten, wieder andere trieben Handel damit zum eigenen Vorteil. Alle kämpften gegen alle um ein bißchen Silber, ein bißchen Gold und ein paar Edelsteine.

Hatte einer die Nase voll, wollte aufhören und ging nach Hause, so erwartete ihn ein fürchterliches Donnerwetter. Denn die Frauen ließen ihren Männern keine Ruhe, zeterten, fauchten und klagten in einem fort, und auch untereinander hatten sie keine ruhige Minute mehr. Jede malte den anderen ihren erhofften Spiegel in den leuchtendsten Farben aus und versicherte, daß der Spiegel schon fast fertig sei.

Und unsere Naturgeisterfrau? Sie saß vor ihrem schönen Spiegel inzwischen ganz allein, denn ihr Mann war weggegangen. Eines Tages hatte er ein kleines Bündel gepackt und ihr Lebewohl gesagt. Er baute sich eine kleine Hütte an dem See, an dem er als Junge immer gesessen und sich im Wasser gespiegelt hatte. Und wenn er nicht gestorben ist, dann sitzt er da heute noch und schaut ins Wasser. Und ab und zu weint er.

* * *

War euch das zu traurig? Wollt ihr jetzt noch etwas Erfreulicheres hören?

Eine Naturgeistin unterbricht: Ich will Euch etwas sagen für die 12 Heiligen Nächte - wollt ihr das hören?

Der mit der Pfeife: Muß das sein? Immer diese Weiber! Ich will erzählen!

Die Naturgeistin setzt sich durch: Damit ihr wißt, was wir in der Zeit von Weihnachten bis zum Dreikönigstag tun, die, wie ihr zu sagen pflegt, „zwischen den Jahren" liegt:

Ratschläge für die 12 heiligen Nächte

Die 12 Heiligen Nächte sind besonders arbeitsame Nächte für uns Naturgeister. Die meiste Arbeit tun wir - nicht die Männer. Wir, die Naturgeisterweibchen tun alles, was das neue Jahr vorbereitet, damit sich im neuen Jahr das erfüllt, was ihr euch wünscht, ersehnt, erhofft. Ein paar solche Dinge möchte ich euch verraten, damit ihr sie auch tun könnt.

1. Der Glückskiesel

Sicherlich habt ihr Wünsche für das neue Jahr. Ihr wollt irgendjemand etwas Gutes tun oder ihr selber sehnt euch nach etwas, träumt von etwas, habt einen Herzenswunsch. Dann könnt ihr in diesen 12 Heiligen Nächten eine Art Amulett oder Talisman machen, für den anderen oder für euch selbst.

Soll ich euch verraten, wie man aus einem beliebigen Kieselsteinchen einen Glückskiesel macht?

Nimm' einen Stein,
packe ihn ein,
steck ihn in's Wams an's Herz hinauf,
nachts leg ihn in's Bett und schlafe drauf,
dann schreibe ein Band,
das sei das Pfand.

Nun noch einmal Schritt für Schritt: nehmt einen kleinen Kiesel, aber einen, den ihr selber aufgesammelt und nicht etwa bequem irgendwo erworben habt. Der Kiesel ist das Kernstück, das den Wunsch tragen soll. Ihr möchtet beispielsweise, daß jemand gesund wird, ein langes Leben hat, den richtigen Arbeitsplatz bekommt oder den richtigen Partner findet. Haltet den Stein in der Hand und sprecht den Namen der betreffenden Person laut und deutlich aus - wenn der Kiesel für euch sein soll also euren Namen - und sagt hinterher den Wunsch dazu.

Nun wickelt oder packt ihn ein, und zwar passend zum Wunsch. Ihr packt ja eure Geschenke auch passend zum Inhalt ein: Ein Hochzeitsgeschenk nicht in Weihnachtspapier und ein Taufgeschenk nicht in Ostertüten. Bedenkt, was für einen Wunsch-Stein ihr in Händen haltet. Handelt es sich beispielsweise um einen Liebesstein, wählt ein Rosenblatt, trägt er den Wunsch nach einem langen Leben, wählt ein Efeublatt oder ein Stückchen Moos, wünscht ihr Erfolg und gutes Gelingen, dann sucht ein schönes, kräftiges Eichenblatt. Nehmt dann noch ein kleines Tüchlein oder Stoffsäckchen, in das ihr den umwickelten Stein hineingebt oder einnäht.

Dann steckt ihn in's Wams an's Herz hinauf, also in die Nähe eures Herzens. Tragt ihn mindestens einen Tag lang von Sonnenaufgang bis Sonnenuntergang. Denkt an diesem Tag an diesen Menschen und an diesen Wunsch für ihn.

Am Abend legt den eingewickelten Stein unter die Bettstatt oder unter das Kopfkissen und schlaft darauf. Am Abend gilt der letzte Gedanke und am Morgen der erste Gedanke diesem Menschen und eurem Wunsch. Wenn die Sonne morgens wieder am Himmel steht, ist das Steinchen fertig, um verschenkt zu werden.

Die Naturgeister werden alles in ihren Möglichkeiten liegende tun, damit sich der Wunsch erfüllt.

Allerdings, zuvor nehmt ein Band - d.h. ein kleines Stück Papier oder Stoff, ein bißchen länglich wie ein Band - und schreibt darauf, was ihr gebt, was ihr versprecht, zu tun oder zu lassen, z.B. ich verschenke diesen Stein und ich verspreche dafür: ich werde die Naturgeister in meinem Haus gut behandeln, oder ich werde Gutes für die Blumen tun oder mich für die Wälder einsetzen oder mich um Tiere kümmern. Bedenkt auch, was ihr alles unterlassen könntet, was der Natur weh tut oder Schaden zufügt. Das ist das Pfand, das ihr den Naturgeistern gebt.

Dieses Band solltet ihr gut aufbewahren, entweder an einem sicheren Ort im Haus, oder ihr vergrabt es im Wald oder in der Wiese oder im Garten unter einem Stein, oder ihr legt es in eine Kuhle oder ein Astloch. Und vergesst nicht, euch stets daran zu erinnern, daß ihr ein Pfand gegeben habt!

Habt ihr noch Fragen?

Kann man nur eines oder auch mehrere Steinchen schenken?

Soviel du Wünsche hast. Pro Stein jedenfalls nur ein Wunsch und ein Mensch.

Was nimmt man für ein Blatt, wenn man wünscht, daß jemand gesund wird?

Das kommt drauf an. Braucht der Mensch Kraft und Stärkung, verwende ein Eichenblatt oder ein Tannenzweiglein. Wenn es darum geht, weich, jugendlich und beweglich zu bleiben, nimm Grashalme oder ein Birkenblatt. Geht es um eine spezielle Erkrankung, nimm etwas von den Heilkräutern, die du auch zur Behandlung verwenden würdest. Weisst du nicht, welches Heilkraut das richtige wäre, so nimm bei Frauen Frauenmantel oder Waldmeister, bei Kindern Ringelblume. Für Männer ist kein bestimmtes Kraut gewachsen. Für die weinerlichen nimm Kamille, für die, die nicht zugeben können, Schwächen oder Leiden zu haben, ein Blatt der Haselnuss. Wenn du über die Erkrankung nicht genau Bescheid weisst, nimm ein in jedem Falle wirksames Blatt - so wie weißes Geschenkpapier - nämlich ein schön gefärbtes Ahornblatt . Am besten sind frische, nicht getrocknete Blätter. Wenn du nicht weiter weisst, frage bei den Naturgeistern nach.

Und soll dieses Band mit Schreibzeug beschrieben oder vielleicht bestickt werden mit Nadel und Faden?

Es genügt, mit Stift oder Feder zu schreiben. Es braucht auch kein Blut zu sein oder sonst ein besonderer Saft - so sind wir nicht. Tinte genügt uns völlig. Wichtiger ist, daß ihr euch an euer Pfand erinnert und haltet, was ihr versprochen habt.

2. Der Glücksknopf

Eine weitere Möglichkeit, in den 12 Heiligen Nächten ein glückliches Jahr vorzubereiten, besteht darin, jemandem ein Wams zu nähen. Was schaut ihr so erschrocken? Scheint euch das zuviel verlangt? Gut, dann verrate ich euch etwas: Man kann das reduzieren

- auf einen Knopf. Also einen Knopf irgendwo annähen, das werdet ihr doch wohl noch fertigbringen. Nun kann es sein, daß gerade zu dieser Zeit kein Knopf an Wams, Hemd oder Hose fehlt. Nun, dann nehmt ein Hemd oder eine Jacke von dem, den ihr beschenken möchtet, reißt einen Knopf ab und näht ihn eben wieder an, und zwar so:

Setzt euch an ein schönes Plätzchen und bittet die Naturgeister, ebenfalls mit Nadel und Faden zu Stelle zu sein. Nehmt Nadel und Faden. Geht es um Sinn und Orientierung in dieser Welt, dann sollte es ein roter Faden sein. Jetzt schaut den Faden genau an, haltet ihn einmal in Augenhöhe vors Licht. Dann beginnt ihr, den Knopf anzunähen und zwar macht ihr:

* einen Stich für den Januar - das bringt Glück für's ganze Jahr,
* einen Stich für den Februar - das bringt Freude für's ganze Jahr,
* einen Stich noch für den März - das nimmt allen Dingen den Schmerz,
* einen Stich für den April - damit alles gut gelingen will,
* einen Stich dann für den Mai - und der Kummer geht vorbei,
* einen Stich für den Juni, einen Stich für den Juli und einen Stich für den August (die macht ihr schwungvoll und dreht dabei den Faden jeweils einmal um den Knopf). Diese drei Stiche sind für den Schutz, die Kraft und die willige Hilfe der Naturgeister, damit alles, was geschieht, immer auch unterstützt und begleitet wird von den entsprechenden Naturgeistern.
* Dann macht einen Stich für den September, einen für den Oktober und einen für den November. Das sind drei Stiche für die 'Gestrengen Herrn', die Hüter des Jahres aus Sicht der Naturgeister. Sie werden dann gegen Ende des Jahres die „Ernte"

prüfen d.h. sie prüfen euer Verhalten der Natur und ihren Wesen gegenüber in diesem Jahr, und das Verhalten dessen, dem der Knopf gehört. Die drei Stiche geben Hilfe für diese Prüfung.

* Jetzt macht noch drei Stiche zum Vernähen mit einem Knoten, damit der Knopf schön fest hält - für den Dezember.
* Dann macht einen Stich im Stoff von links nach rechts. Dazu sprecht: „Das ist der Stich für die Erde, die alles trägt."
* Und schließlich einen Stich von oben nach unten (so habt ihr jetzt ein Kreuz gestickt) und sprecht: „Das ist der Stich für den Himmel, der alles behütet!"

Dann vernäht ihr den Faden. Bei jedem Stich sagt ihr den Namen dessen, für den ihr den Glücksknopf angenäht habt: „Das ist für Dich, lieber Gebhard", beispielsweise. Oder ihr sagt euren Namen, wenn der Knopf euer eigener ist.

Mit dem Knopf habt ihr dem Betreffenden Schutz, Sicherheit, Glück und Gelingen angeheftet.

Wir Naturgeister erkennen diese Knöpfe. Wir haben Augen, um zu sehen, wie ein Stück genäht wurde, was hineingewoben, hineingestickt oder hineingenäht wurde, und wir richten uns danach. Wir werden tun, was wir können, um das in die Tat umzusetzen, was ihr hineingestickt oder -genäht, also hineingebeten und hineingewünscht habt.

Ihr seid ja so still! Bereitet euch das Fragen oder Probleme?

Werden wir Männer auch lernen müssen, Knöpfe anzunähen?

Sucht euch fleißige Frauen, die das für euch machen. Also unter den Naturgeistermännern wirst du keinen finden, der einen Knopf annäht, es sei denn es ist ein Schneider, sonst ist das bei uns nicht üblich. Du wirst aber auch keinen finden, der sich eine zum Weib nimmt, die nicht nähen kann!

Wirkt das also auch, wenn man es durch eine Frau machen läßt?

Es wirkt meiner Erfahrung nach - und ich habe jahrhundertelange Erfahrung - sogar nur, wenn man es eine Frau machen läßt. Denn für Männer ist das viel zu anstrengend; wenn sie es versuchen, wird es kompliziert und verworren: Sie stechen sich in den Finger, es wird alles blutig, dann müssen sie erst Verbandszeug suchen, das sie bestimmt nicht finden, also vergeht viel Zeit. Derweil trocknet das Blut zu hässlichen Flecken, die erst ausgewaschen werden müssen. Endlich fangen sie von vorne an, dann haben sie den Reim vergessen, und am Schluß vergessen sie einen von den Monaten oder wessen Hemd sie in der Hand halten. Oder sie sind so erleichtert, endlich am Ende zu sein, daß sie vergessen, den Faden fest zu vernähen, dann fällt der Knopf ab und das war's dann mit dem Glück...

Also wir lassen das die Frauen machen.....

Ja, aber ich habe auch etwas für die Männer, wenn es euch recht ist . Das werden sie nach meiner Erfahrung zwar auch nicht alleine machen, aber mindestens mit den Frauen zusammen.

3. Das Jahresbäumchen

Ihr kennt doch den Brauch, ein Lebensbäumchen zu pflanzen, wenn ein Kind geboren ist? Ihr könnt auch ein Jahresbäumchen pflanzen, und zwar in den Heiligen Nächten. Für die Naturgeister ist jedes Jahr eine in sich geschlossene Ganzheit. Das Jahr wird geboren, dann ist es jung, im Sommer erreicht es seinen Höhepunkt, es folgt die Zeit der Reife, der voll erblüten Schönheit und der Ernte, dann neigt es sich dem Ende zu, schleppt sich in die letzten Tage, wird müde und stirbt - wie ein Lebewesen. Deswegen kann man es auch so behandeln wie ein Lebewesen, und d.h.: man gibt dem Jahr ein Lebensbäumchen zur Begleitung. Er lebt, wächst und gedeiht mit dem Jahr. Mit ihm leben, wachsen und gedeihen auch für euch Lebenskraft und Lebensfülle. Wenn das Jahr zu Ende geht, pflanzt ihr ein neues Jahresbäumchen für das neue Jahr. Das alte Bäumchen lebt weiter fort, wie es die Jahre ja auch in eurer Erinnerung tun.

Das Jahresbäumchen kann man für sich selbst pflanzen, oder für die Familie oder für das ganze Haus mit Freunden, die ein und aus gehen, mit Tieren, die dort leben, mit den Pflanzen, die in Haus und Garten stehen oder in den Feldern, Wiesen und Wäldern rund um dieses Haus.

Das macht ihr folgendermaßen:

Ihr nehmt einen Topf mit Erde, der groß genug ist für die Wurzeln der Pflanze, die nachher darin wachsen soll. Man kann schon im Herbst alles vorbereiten, was man braucht: Blumentopf, Erde, Pflanze. Im Winter ist es ja oft zu kalt, ein Pflänzchen nach draußen zu setzen, also setzt ihr es zunächst einmal in einen Blumentopf und dann - wenn es warm genug ist - nach draußen, oder aber man wählt ein Pflänzchen, das es in der Wohnung aushält und also im Blumentopf bleibt.

In den Heiligen Nächten grabt eine Kuhle. Dann nehmt einen kleinen Stein in die Hand, schaut ihn an, nennt ihm die Namen derer, die in diesem Hause wohnen und fügt z.B. hinzu:

„und alle Freunde, die hierher kommen und hier verweilen",

„und alle Kinder, die hier ein und aus gehen werden",

„und alle Tiere im Stall, im Feld und in den Wäldern und um das Haus herum", ... ganz wie ihr wollt. Dann legt den Stein zuunterst in die Erdkuhle hinein.

Dann nehmt ein bißchen Mehl, stäubt es darüber - das ist für die Kraft, eine Prise Zucker - das ist für die Süße des Lebens in diesem Jahr, ein ganz klein bißchen Salz - das ist für die Würze des Lebens, die ja nicht fehlen darf, sonst wird es langweilig!

Dann gebt dem Jahr ein Versprechen (ähnlich dem Pfand beim Glückskiesel), nicht zu groß und nicht zu klein. Dieses Jahr wird euch begleiten und ihr werdet es begleiten, ihr geht Hand in Hand mit ihm. So beginnt dieses 'Hand in Hand gehen' mit einem liebevollen und ernstgemeinten Versprechen. Sprecht es über der Kuhle, so daß die Worte in die Kuhle hineingleiten können.

Dann nehmt das Pflänzchen und setzt es ein - (das können ja nun die Männer tun), gebt Erde drum herum und gießt gründlich.

Wenn es Zeit ist, dieses Jahrespflänzchen ins Freie zu setzen, dann tut das mit der ganzen Erde und mit allem, was dort drinnen ist - auch das können die Männer tun.

Macht ihr das jedes Jahr, so entseht eine ganze Lebenshecke. Und eines Tages könnten eure Kinder sagen: seht her, da wächst und grünt und blüht das Leben meines Vaters oder meiner Mutter...

Gibt es noch Fragen?

Wie können wir den Naturgeistern in der Heiligen Zeit eine Freude bereiten ?

Ah, das ist eine schöne Frage! Ihr kennt doch ....

Der mit der Pfeife: Immer dieses Weibergetratsche mit Tips und Rezepten - wie man näht und wie man kocht, papperlapapp!

Sie: Du sag mir erstmal, aus wieviel „p“ und „a“ man das Wort „papperlapapp“ macht. Na? Inzwischen beantworte ich den Menschen ihre liebenswürdige Frage:

4. Regenbogen-Brücken bauen

Es gab eine Zeit, in der war es - jedenfalls für Naturgeister - möglich, sich an einem Regenbogenanfangspunkt einzufinden. Ja, so etwas gab es. Ihr kennt das nur noch aus Märchen und Sagen. Aber tatsächlich befand man sich früher nicht immer nur in der Mitte vor dem Regenbogen, und dieser wanderte nicht mit einem weiter - immer unerreichbar, sondern er befand sich greifbar in der Nähe. Man konnte mit dem Regenbogen spielen, sich hineinsetzen, sich drunterstellen, hinaufklettern und hinunterrutschen, alle möglichen Dinge konnte man mit dem Regenbogen tun.

Das ist vorbei. Seit vielen, vielen Jahrhunderten kann man zwar noch Regenbogen sehen, man kann von ihnen träumen, aber man kann zu ihnen nicht mehr wirklich hin.

Ihr könnt das aber, wenn ihr wollt, durch eure Arbeit wieder möglich machen: Ihr könnt einen Regenbogen bauen, der einen Anfangspunkt und einen Endpunkt auf der Erde hat, und mit dem ihr eine Brücke von euch zu anderen Menschen schlagen könnt.

Wenn ihr also die Heiligen Nächte nutzen wollt, um uns - und euch - etwas Gutes zu tun, dann setzt irgendwo bei euch, in eurem Garten, vor eurer Haustüre, in eurem Dorf, im nächsten Wald, auf einer Wiese oder notfalls in einem Blumentopf auf eurer Fensterbank einen Regenbogen-Anfangspunkt. Die Naturgeister werden gerne mitmachen. Wer nicht will, soll es bleiben lassen, wer aber will, der arbeitet mit an einem hübschen Brauch. Soll ich euch also erklären, wie man das macht?

Tragt zunächst Steinchen in den Farben des Regenbogens zusammen, also ein rotes, ein orangenes, ein gelbes, ein grünes, ein blaues und ein violettes. Entweder, ihr findet oder besitzt Halbedelsteine in diesen Farben, oder ihr nehmt sechs Kieselsteinchen und malt jedes in einer der Farben an.

Nehmt also in dieser Zeit 6 Nächte lang jeweils ein Steinchen, geht damit zu dem Ort, wo ihr euren Regenbogen beginnen lassen wollt, und grabt es dort ein. Wenn das nicht geht, weil z.B. zu viel Schnee liegt oder der Boden gefroren ist, dann geht dort hin und versprecht: sobald der Boden frei ist, komm' ich wieder und vergrabe die Steinchen dort wirklich. Also macht euch die Mühe, diesen Ort wenigstens aufzusuchen, wenn irgend möglich Abend für Abend oder Nacht für Nacht 6 Tage lang. Am ersten Tag beginnt ihr mit Rot. Am nächsten Tag kommt Orange, dann Gelb, dann Grün, dann Blau, schließlich Violett. Formt aus diesen 6 Steinchen einen kleinen Kreis.

Das wird der Anfangspunkt eines Regenbogens sein, er wird sich von dort aus in den Himmel schwingen. Ihr werdet in diesen 12 Tagen oder Nächten - wenn ihr fleißig seid - sogar die Anfangspunkte für zwei Regenbogen setzen können.

Ihr solltet euch nun einen Endpunkt des Regenbogens vorstellen. Ihr könntet also beispielsweise sagen: im Haus meiner Verwandten oder meiner Freunde, im Nachbardorf oder in der Stadt dort hinter dem Berg, im nächsten Tal, oder in dem und dem Land soll der Endpunkt des Regenbogens sein. Der Regenbogen kann also ganz klein sein, gerade von Wohnung zu Wohnung, er kann aber auch über Seen oder Berge oder Kontinente hinwegführen, das spielt keine Rolle. Für ihn gibt es keine Grenzen, keine Hindernisse.

Was ihr damit erreicht, ist Folgendes:

Am Anfangspunkt und am Endpunkt eines Regenbogens versammeln sich die Naturgeister. Sie haben nun die Möglichkeit, sich auf dem Regenbogen zu bewegen. Sie können hin und her wandern, sie können hoch und runter klettern, sie können rutschen, spielen und sich freuen. Und so können sie dem Himmel ein wenig näher kommen, und zwar dank eurer Hilfe. Es ist tatsächlich so, daß in ihrer Welt dort ein Regenbogen enstanden ist, ein wirklicher und dauerhafter Regenbogen, und daß er die Möglichkeit bietet, dem Himmel näher zu kommen. Die Naturgeister können sich auf ihm von der Erde zum Himmel und wieder zurück bewegen. Und das bringt ein bißchen von den paradiesischen Zuständen, nach denen sich alle so sehnen, wieder auf die Erde.

Doch auch für euch hat der Regenbogen sein Gutes. Wo sich ein solcher Regenbogen spannt, werden Beziehungen geknüpft oder wiederbelebt, gereinigt und harmonisiert. Ihr werdet schon sehen!

Ihr wisst, daß die 12 Heiligen Nächte besonders wirksam sind. Diese Arbeit ist nur in den Heiligen Nächten möglich, nicht vorher und nicht nachher - ein ganzes Jahr lang nicht mehr.

Habt ihr dazu Fragen ?

Sollte man das besser am Tag oder in der Nacht machen ?

Das ist egal. Vergesst nicht, es handelt sich bei diesem Regenbogen nicht um eine optische Erscheinung, sondern um eine unabhängig vom Sonnenlicht existierende Gegebenheit. Wichtig ist nur, daß ihr euch die Mühe macht, den Ort des Anfangspunktes aufzusuchen, d.h. ihr könnt nicht drinnen im Sessel sitzen und die Steinchen in Gedanken eingraben. Nein, ihr solltet wirklich Stiefel und Jacke anziehen und durch Wind und Wetter den Ort aufsuchen, wo ihr euren Regenbogen beginnen lassen wollt. So ernst sollte es euch schon sein.

Sollen wir auch dorthin gehen, wo wir ihn enden lassen wollen?

Nein, das braucht ihr nicht. Ihr braucht auch euren Freunden nichts davon zu sagen. Hier reicht es, wenn ihr euch in der Vorstellung dorthin begebt und den dort wohnenden Naturgeistern eure Information „zudenkt“.

Wirkt hier der Mensch als Vermittler zwischen dem Naturgeisterreich und dem Himmel ?

Allerdings...ja!

Sind denn in jedem Haus Naturgeister ?

Oh ja. Sie sind nicht immer alle so nett wie wir, aber .... doch, doch. Es gibt eigentlich kein Plätzchen, wo es nicht Naturgeister gäbe, es sei denn, ihr vertreibt sie, dann gibt's dort keine mehr, jedenfalls für eine gewisse Zeit.

Hast du, liebes Naturgeistweibchen, einen Namen?

Was willst du denn mit ihm? Was ihr Menschen immer alles haben wollt! Na ja .... also gut, ich sage dir einen Namen, bei dem man mich rufen kann: „Lela“, so nennt man mich, aber Lela ist eigentlich kein Rufname so wie ihr das habt, sondern Lela ist eine Bezeichnung für Naturgeistinnen in einem bestimmten Alter, mit einer bestimmten Erfahrung, einem bestimmten Wissen und Freude am Erzählen. Also ich bin nicht die einzige Lela, es gibt noch andere.

Womit können wir euch außer mit dem Regenbogen sonst noch erfreuen?

Was freut Naturgeister am meisten? Wenn man überhaupt an sie denkt. Das ist schon viel. Übernehmt euch nicht. Wenn ihr tut, was ich euch rate, dann habt ihr alle Hände voll zu tun für die nächste Zeit ...

Der mit der Pfeife : Passt auf! Wollt ihr noch mehr Arbeit, oder habt ihr endlich die Nase voll?

Hast du noch etwas Lustiges für uns?

Der mit der Pfeife: Na, ob das so lustig ist weiß ich nicht..... Ich kann's ja mal erzählen, und wenn ihr anfangt zu weinen, hör ich eben auf.

Die lächelnden Statuen

In einer Kirche war die Innenausstattung, waren vor allem die Statuen und Bilder nicht mehr im Geschmack der damaligen Zeit. Der Pfarrer - ein überaus eifriger Mann - wollte alles modernisieren, alles in neuem Glanz erstrahlen lassen, bunt gemalt und frisch poliert und alles nach dem modernen Geschmack. Das gesamte Kirchengestühl, die Statuen, die Kerzenständer und die Bilder samt Rahmen und Verzierungen - nichts davon war ihm heilig, alles warf der Pfarrer hinaus.

Was er dabei übersehen hatte, war, daß die Naturgeister in der Kirche die altehrwürdigen Bilder und Statuen sehr liebten und wie ihr Eigenes pflegten und hegten - schon viele, viele Jahre lang, weit länger, als der Pfarrer überhaupt auf der Welt war.

Der Pfarrer beauftragte die besten Künstler und Handwerker der Gegend, die sollten schöne, neue Dinge anfertigen: Eine neue Marienstatue, neue Statuen von Heiligen, neue Kerzenleuchter, neue Bilder und neue Rahmen, alles fein und modern. Den „alten Plunder“, wie der eifrige Pfarrer zu sagen pflegte, warf man in eine Rumpelkammer. Den Protest der Naturgeister nahm der Pfarrer nicht zur Kenntnis, und auch die Künstler waren viel zu modern und zu beschäftigt, um auf so etwas zu achten.

Da saßen nun die Naturgeister treu bei dem „alten Plunder“ in der düsteren Rumpelkammer und waren sehr unglücklich. Sie wollten ihre Statuen und Bilder nicht verlassen, aber sie wollten auch nicht ewig in dieser Rumpelkammer hausen. Und sie wollten nicht, daß mit den von ihnen so geliebten und geschätzten

Werken so umgegangen wurde.

Derweil feierte die Gemeinde den fortschrittlichen Pfarrer, die neuen Ideen und die modernen Zeiten. Eine Statue nach der anderen wurde unter Applaus und Lobesreden für Künstler und Handwerker in die Kirche gebracht, plaziert und geweiht, ebenso die anderen Dinge, und jede Weihe wurde zum Dorffest. Auch die neuen Kerzenständer stellte man auf, und die Kirche erstrahlte in neuem Glanz.

Die Naturgeister in der Rumpelkammer hielten Rat. Sie kamen zu folgendem Beschluß: „Wenn die Gemeinde und der Pfarrer die neuen Sachen so gerne haben und so schön finden, dann wollen wir das unsere dazu beitragen, daß diese Dinge schön sind und zudem noch etwas ganz Besonderes". Sie begannen zu wirken und zwinkerten einander dabei zu und applaudierten, wenn einem wieder etwas Hübsches gelungen war. Sie machten allerlei Dinge, die nur Naturgeister machen können:

Zunächst mit den neuen Kerzenleuchtern, die so schön golden glänzten. Sie baten die Spinnen, über Nacht Netze zu spinnen. Jeden Morgen, wenn der Pfarrer kam, waren alle Kerzenleuchter von oben bis unten eingesponnen, weiß-grau, filigran und kunstvoll.

Dann baten sie die Hölzer, aus denen die Statuen geschnitzt waren, lebendig zu werden, all ihre restliche Lebenskraft einzusetzen. Das hatte erstaunliche Auwirkungen: Die Statue eines gestrengen Heiligen, der mahnend den Finger reckte, streckte am nächsten Tag einen gespaltenen Finger in die Luft. Von weitem sah es aus, als wären es zwei Finger, die wie Teufelshörner drohend gen Himmel erhoben waren .

Der Marien-Statue wuchsen kleine Sprößchen an der Nase, und

die Nase war nicht mehr eine zierliche Mariennase, sondern ein rechter Hexenzinken. Den Engeln am Altar bogen sich die Flügel. Sie ragten nicht mehr triumphierend gen Himmel, sondern neigten sich nach unten, so daß die jubelnden Engel aussahen wie matte Vögel. An den Gewändern blätterte die Farbe ab.

Weil sich das Holz ständig weiter bewegte und nicht zur Ruhe kam, krachten, ächzten und stöhnten die Statuen mitten in Meßfeier, Rosenkranz oder Andacht. Während einer Sonntagsmesse fiel gar dem Heiligen Evangelisten das hölzerne Buch aus der Hand und polterte zu Boden. Er blickte stumm und unverdrossen auf eine leere, geborstene Hand.

Großes Entsetzen machte sich breit in der Bevölkerung: „Na, das ist schon ganz und gar verrückt mit diesen Figuren". Andere tuschelten: „Das ist nicht geheuer, am Ende hat da der Teufel seine Hände im Spiel". Wieder andere forderten immer lauter: „Das sind uns unheilige Heilige. Grad unheimlich ist's einem in der Kirche jetzt. Wir wollen alle Bilder und Statuen noch einmal weihen und den Himmel um Hilfe bitten. Laßt uns einen großen Festgottesdienst halten."

„Oh", freuten sich die Naturgeister, „das ist schön! Wir wollen sehen, was wir zu diesem Fest beitragen können."

Die Kirche war voll - der Festgottesdienst sollte bald beginnen. Was hatte da der Messner noch alles zu tun! Die Kerzenständer standen und standen nicht gerade, das arbeitende Holz hatte sie krumm und schief werden lassen, sie kippten und die Kerzen fielen um. Wo sie gerade noch hielten, standen sie so schief, daß das Wachs auf den schönen, neuen Teppich tropfte. Schließlich standen sie alle, und die Kerzen brannten. Da lief ein Ministrant eilig Richtung Sakristei, und vom Lufthauch allein schon fiel der nächststehende Leuchter krachend auf den Boden, und die brennende Kerze versengte den Teppich, daß es rauchte und stank bis zur letzten Kirchenbank. Alles lief durcheinander und löschte und lüftete und putzte.

Als die Frau des Messners noch frische Blumen an den Altar stellte, muß sie wohl den Leuchter auf dem Altar berührt haben, sie wußte es später nicht mehr zu sagen, jedenfalls fiel auch er, und das Wachs ergoss sich auf die handgeklöppelte Altardecke und vertropfte den kunstvoll geschnitzten Altar, so daß der darauf abgebildete Herr Jesus zu weinen schien und die Messnersfrau laut aufschrie vor Entsetzen. Da wurde es dem Pfarrer in der Sakristei zu bunt und er befahl : „Holt in Gottes Namen die alten Kerzenständer aus der Kammer, und rasch! Ich mag den Herrgott nicht warten lassen."

Ach, wie freuten sich die Naturgeister! Da standen wieder die alten Kerzenleuchter, altehrwürdig und elegant trugen sie die Kerzen. Die neuen hatte man eilig und achtlos zur Seite gestellt, wo sie gleich wieder umfielen. Endlich konnte der Festgottesdienst abgehalten werden. Fast fühlten sich die Naturgeister wieder ein bisschen zu Hause in ihrer Kirche.

Aber immer noch standen die neuen Statuen da statt der alten, jetzt zum zweiten Mal geweiht.

Einer der Künstler hobelte an der Nase, ein anderer klebte den Finger, die Engelsflügel wurden neu geschnitzt, und dem Evangelisten wurde das Buch vorsichtshalber in die Hand genagelt. Die Maler besserten die Gewänder aus. Und so blieben alle Statuen stehen, wo sie nun standen. Was ihr Krachen und Ächzen anging, so wies der Pfarrer die Ministranten an, es gänzlich zu überhören und ja nicht zusammenzuzucken. Die Gläubigen würden sich dann schon daran gewöhnen.

Das Holz konnte nicht noch mehr arbeiten - es hatte sich völlig erschöpft und in wenigen Wochen geleistet, was es sonst über Jahre hinweg tat. Die Naturgeister konnten bitten wie sie wollten, das Holz bedauerte: Wir haben keine Kraft mehr, das ist nun alles, was wir tun konnten, jetzt müßt ihr euch zufrieden geben. Und das hieß: Die Statuen würden weiterhin in der Kirche bleiben und die alten weiterhin in der Rumpelkammer.

Die Naturgeister fragten sich: Was machen wir nur, damit unsere geliebten alten Statuen wieder aus der Rumpelkammer kommen? Sie überlegten wochenlang. Schließlich baten sie das Holz: „Kannst du nicht doch noch ein bißchen tun, nur soviel, daß die strengen Heiligen lächeln, ein wenig die Mundwinkel nach oben ziehen, ein wenig die Augenbrauen heben für einen offenen, netten Blick!" Das Holz - in der Zwischenzeit ein wenig erholt - sagte zu, denn Holz ist sehr langmütig und hilfsbereit. Mit Gottes Hilfe sollte es schon möglich sein ...

Und tatsächlich: Als der Pfarrer am nächsten Morgen die Kirche betrat, traute er seinen Augen nicht, rief den Messner, der kam gleich gelaufen und auch seine Frau und die die Nachbarin samt ihren Kindern, und alle sahen es: Die Statuen lächelten, blickten liebenswürdig und herzlich, und wenn man vor ihnen stand, war es, als blickten sie einem direkt in die Augen. Man meinte fast, sie lachen zu hören, andere wieder schienen mit den Augen zu zwinkern. Allen, die das sahen, wurde es ganz leicht ums Herz, und fröhlich lächelnd verließen sie die Kirche.

Das Schönste aber entdeckten ein paar Frauen, die vor der Statue der Maria abends einen Rosenkranz beten wollten: Die Muttergottes weinte! Dabei lächelte sie sanft und wehmütig. Alle sahen es ganz deutlich. Sie eilten, es dem Pfarrer zu sagen, der überzeugte sich selbst, sprach mit Kollegen darüber, die umgehend anreisten, es selber sahen und ihrerseits weiterberichteten.

Die Gläubigen kamen erst ungläubig, dann erstaunt, dann begeistert in die Kirche, die von Sonntag zu Sonntag voller wurde. Bald strömten die Menschen aus dem ganzen Land in die Kirche, denn alle wollten die lächelnden Statuen und die weinende Muttergottes sehen. Die Kirche wurde bald zu klein. Viele Gläubige mußten während der Messe draußen stehen, im Regen, im Schnee, in der Sonne oder unter dem Sternenhimmel.

Der Pfarrer beschloss: „Wir müssen ein neues Gotteshaus bauen, es geht so nicht. Die Menschen strömen und strömen und wir haben kein Dach für sie. Da gibt es im Haus des Vaters Wohnung für alle, und hier noch nicht mal ein Plätzchen auf der Kirchenbank? Wir brauchen eine neue, größere Kirche." Gesagt, getan. Voller Eifer stürzte er sich in das Vorhaben, begeistert von dem Gedanken, nicht nur moderne Statuen zu haben, sondern sogar noch eine ganz moderne Kirche zu bekommen.

Die kleine Kirche wurde zwar belassen, aber daneben wurde ein modernes, großes Gotteshaus gebaut. Die Gemeinde spendete so gut sie konnte; denn alle hatten die lächelnden und weinenden Statuen liebgewonnen. Aber für eine neue Ausstattung langte das Geld nicht. Die Bauern schüttelten bedauernd den Kopf: „Wir können beim besten Willen nicht noch mehr geben, wir haben ja noch Frau und Kind und der Winter kommt bald." So redeten sie und ließen den Pfarrer ratlos zurück. Woher sollte er nun die Einrichtung für die große Kirche nehmen? Woher Kirchengestühl und Bilder und Statuen?

Eines Nachts schlief er schlecht und hatte die rettende Idee:

Wie wäre es denn mit den Sachen aus der Rumpelkammer? Die waren zwar alt und inzwischen verstaubt, aber immerhin - wir haben ja alles!

Tags darauf wurde die Rumpelkammer geöffnet, und die altehrwürdigen Statuen fanden ihre Plätze in der schönen, großen, neuen Kirche. In dem lichten, hohen Raum kamen sie sogar noch besser zur Geltung als in der kleinen Kirche.

Das war ein Freudentag für die Naturgeister! Alle Bilder und Statuen hatten wohlbehalten das Licht der Welt wiedererblickt und allesamt schöne Plätze bekommen. Das Kirchengestühl wurde poliert und passte in den Raum, wie für ihn gemacht. Von nun an lebten die Naturgeister nicht mehr nur in einem, sondern in zwei Gotteshäusern und konnten immer hin und her gehen. Sie freuten sich sehr und bedankten sich bei den lächelnden Statuen und der weinenden Gottesmutter. Die lächelte ihnen zu.

* * *

War euch das lustig genug? Denkt noch über eines nach: Wer lächelt, wenn eine Statue lächelt, der Himmel oder die Erde?

Das Stroh aus der Weihnachtskrippe

Lela : Nun noch ein ernstes Wort. In der Weihnachtsgeschichte wird auf die Naturgeister nicht eingegangen. Sie waren aber natürlich anwesend, nicht nur bei Ochs und Esel. Sie haben auch etwas aufbewahrt und weitergegeben, nämlich das Stroh, auf dem das Kind gelegen hat.

So wie ihr eine Reliquie heilig haltet und weitergebt, so gibt es Linien von Naturgeisterkönigen, zu deren Kronschatz ein kleines Stückchen Stroh aus der damaligen Krippe gehört. Das wird von König zu König weitergereicht, gehört sozusagen zum Vermächtnis, zum Schatz eines Königs und damit des gesamten Königreiches. Ein kleines Stückchen Stroh aus der damaligen Krippe ist den Naturgeistern so heilig, wie euch eine Reliquie von einem Heiligen.

Das könnt ihr übrigens nachmachen. Achtet darauf, daß in eurer Krippe echtes Stroh liegt. Sucht euch mit den Augen in der Weihnachtsnacht schon mal einen Strohhalm aus, laßt ihn aber die Heilige Nacht über in der Krippe liegen. Nehmt ihn am Weihnachtstag dann an euch. Ihr könnt ihn in ein Papierchen oder in ein Tüchlein einwickeln und bei euch tragen. Oder ihr legt ihn unter euer Bett oder sonst an eine Stelle in eurer Wohnung. Ihr bewahrt ihn auf bis zum nächsten Jahr, als wäret ihr Naturgeister, als wäret ihr in dieser Nacht klein und für die Menschen unsichtbar dabeigewesen und hättet das Privileg, ein kleines Stückchen von diesem Geschehen weiterzutragen bis zum nächsten Jahr.

Gibt es noch Fragen?

Der mit der Pfeife (ärgerlich): Nein, sie haben keine Fragen mehr. Und für Geschichten ist es jetzt zu spät. Also dann, auf ein Neues im neuen Jahr, wenn's euch recht ist, und dann ohne so viele Tips und Ratschläge und Rezepte und dafür wieder mit vielen Geschichten!

Lela: Das werden wir ja sehen.

Vierter Abend

15.02.1998

Der mit der Pfeife: Haben alle, die beim letzten Mal da waren, an ihren Regenbogen gedacht?

Ja, wir haben es auch ausgeführt.

Das wollten wir wissen, sonst hätten wir den Abend nämlich für beendet erklärt. Wir danken herzlich für die Mühe und sind bereit, euch Geschichten zu erzählen

Der Berg und die Bergin

Es war einmal ein mächtiger Berg, der wurde durch ein Beben in zwei große Berge zerteilt. Zwischen beiden entstand ein Tal. Es war da also eine kleine Familie: Der Berg, die Bergin und das Tal.

Der Berg liebte die Bergin und die Bergin liebte den Berg, und beide zusammen bewachten das Tal, hüteten es, schützten es und freuten sich an ihm. Über Jahre, Jahrzehnte und Jahrhunderte hinweg schaute der Berg auf die Bergin und schaute die Bergin auf den Berg, glücklich zwar wegen des Tales, aber auch traurig, weil sie ja nun getrennt waren.

Eines Tages sagte der Berg zur Bergin: „Ich will dir eine Freude machen. Laß mich dir etwas schenken!“ Und er schenkte der Bergin eine wunderschöne Quelle. Ein Bach entsprang klar und frisch hoch oben in den Felsen und schuf sich einen Weg hinunter ins Tal. Die Bergin freute sich herzlich am Plätschern und Gurgeln des Baches, an den Tieren, die zur Quelle kamen oder längs des Baches wohnten, und an den vielen bunten Blumen, die hier wuchsen und blühten.

Und die Bergin sagte zum Berg: „ Auch ich will dir etwas schenken: Wiesen voller bunter Blumen.“ Und tatsächlich ließ sie Wiesen grünen, so weit hinauf wie es nur ging, voller bunter Blumen, prächtiger Schmetterlinge und emsiger Bienen, voller kleiner Tiere, die dort kräuchten und fleuchten und die den Berg ein bißchen kitzelten. Aber er amüsierte sich und freute sich sehr an seinem bunten Gewand.

Die Zeit verging und der Berg beschloß: „Bergin, ich schenk' dir noch etwas!“ Und er schenkte seiner Bergin eine Vielzahl wunderschöner Bäume verschiedener Arten, nicht Bäume wie überall, sondern Bäume, wie es sie selten gibt. Jeder Baum war ein Bild von einem Baum: so ebenmäßig, kraftvoll und prächtig stand er da.

Die Bergin freute sich herzlich am Rauschen der Bäume im Wind, an den bunten Blättern im Herbst und dem frischen Grün im Frühjahr. Und sie sagte zum Berg: „Zwischen meinem Wald und deinen herrlichen Wiesen möchte ich Tiere hin und her laufen lassen!“ ... und sie lud Tiere ein, die Gegend zu bevölkern. Es kamen Hirsche und Rehe und Füchse und all die anderen Tiere, die sich im Wald wohlfühlen. Sie belebten den Berg, die Bergin und das Tal.

So lebte die kleine Familie - Berg, Bergin und Tal - glücklich, friedlich und fröhlich viele viele Jahre. Berg und Bergin hüteten ihr schönes Tal, und alles wäre gut gewesen, wenn da nicht immer ein wenig Traurigkeit geblieben wäre, denn sie waren nicht zusammen, sondern getrennt.

Mit der Zeit kamen Menschen in dieses Tal. Sie bauten Häuser und Ställe und eine hübsche kleine Kirche. Berg und Bergin betrachteten das mit Wohlwollen und dachten: „Wie schön! Unser kleines Tal fängt an zu leben, es liegt nicht mehr einfach nur so da fast wie im Schlafe, es wird bewohnt, es wird bearbeitet, es gibt Geschichten, die sich dort ereignen, es gibt Menschen, die dort ein- und ausgehen, die dort zur Welt kommen und die dort die Welt wieder verlassen. Geweint wird und gelacht, gefürchtet und geträumt, getrauert und geliebt. Wie schön ist das! Zwischen uns beiden ein Tal voller Leben!“

Und sie freuten sich sehr und genossen es, wenn die Menschen dann und wann den Berg oder die Bergin hinaufkraxelten, sich an der Quelle labten, sich in die Wiesen setzten, sich an die Bäume lehnten. So ging es viele Jahre.

Doch dann begann die Zeit, in der die Menschen Dinge taten, die dem Berg und der Bergin nicht gefielen: Sie fingen an, die Wälder zu roden, die Wiesen zu mähen, die Tiere zu schießen, das Wasser aus der Quelle in Röhren und Leitungssysteme zu zwingen. Das Plätschern verschwand, der Schatten der Bäume verschwand, die bunten Blumen verschwanden, die Vögel verschwanden, Fuchs und Reh waren längst nicht mehr da. Eines Tages schließlich sah der Berg mit großem Schrecken, daß man quer über den Rücken der Bergin eine Straße baute. Er guckte die Bergin an und war traurig, und sie guckte zurück, litt es still und war traurig. Doch er konnte ihr nicht helfen.

In ihrer Not fragten sie die Himmlische Mutter: „Was sollen wir tun? Hilf uns! Wir mögen das nicht, wir sind nicht mehr glücklich! Und das Tal, einst unser geliebtes Kind, ist trotzig und störrisch und bockig. Die Menschen, die dort leben, tun Schlechtes. Was können wir tun?"

Die Mutter sagte: „Das Beste, was ihr tun könnt, ist abwarten. Rührt euch nicht, regt euch nicht, liebt weiter und wartet ab." Der Berg schaute die Bergin an und die Bergin schaute den Berg an. Was die Mutter sagte, verstand die Bergin nicht und der Berg auch nicht. Sie wollten irgendetwas unternehmen. Sie wollten wütend sein und Lawinen losbrechen lassen, sie wollten Stürme und Unwetter herbeirufen, sie wollten die Wasser bitten, über ihre Ufer zu treten, sie wollten sich wehren. Nach abwarten und lieben war ihnen gar nicht zumute. Aber die Mutter sagte: „Wartet ab! Der Berg schaue die Bergin an, die Bergin schaue den Berg an. Sonst tut nichts, liebt und wartet!"

So vergingen wieder viele Jahre. Die Bergin verlor den Mut und der Berg verlor die Geduld und sie fragten wiederum die Himmlische Mutter: „Wie lange sollen wir denn noch warten, und worauf sollen wir warten?“

„Nun,“ sagte die Mutter „ihr sollt darauf warten, daß die schweren Zeiten vorübergehen, so wie die Wolken am Himmel vorüberziehen, und ihr sollt zeigen, daß ‘Warten’ eine der schönsten und wichtigsten Arten ist, zu lieben. Du, Berg, schaue die Bergin an. Du, Bergin, schaue den Berg an. Liebt und tut sonst nichts.“

Der Berg sagte: „Das kann ich nicht!“, die Bergin stimmte zu: „Das will ich nicht!“ „Nun”, sprach die Mutter, „dann macht weiter wie früher. Wenn ihr schon etwas tun wollt, dann macht euch Geschenke. Aber bitte: Keine Lawinen, keine Stürme, keine Unwetter, keine Wildwasser! „Na“, sagte der Berg ,“das ist besser als nichts. „Gut“, sagte die Bergin, „ich will es versuchen.“

Und der Berg ließ wiederum eine Quelle entstehen, eine noch schönere und noch größere. Er schenkte seiner Bergin ein Gewässer, das aus einer tiefen Felsenschlucht hervorgurgelte, in einem tosenden Wasserfall über bunte Felsenstufen sprudelte, dabei Regenbogen sprühte und dann in einem mächtigen Fluß zu Tale rauschte. Die Bergin freute sich herzlich. Sie vergaß die Straße, die ihr weh tat, und die kahl geschlagenen Hänge.

Sie schenkte ihrem Berg eine Wiese mit Blumen, bunter und schöner als es sie irgendwo in der Gegend gab, wie sie sonst nur in fernen Ländern wuchsen. Bald flatterten wieder Schmetterlinge in großer Zahl um die Blüten, und bald zwitscherte, sang und tirillierte eine bunte Vogelschar zwischen den Gräsern und Blumen und Büschen, viel mehr als je zuvor. Und der Berg freute sich. Es lebte auf ihm, und er vergnügte sich an diesem Leben.

Die Zeit verging und er sagte zu seiner Bergin: „Geliebte, ich will dir wieder ein Geschenk machen! Weine nicht um die geschlagenen Bäume, trauere nicht um die kahlen Hänge. Ich will dir noch schönere Bäume schenken, Bäume, die verschiedene Farben haben, die das ganze Jahr blühen, die duften, die Früchte tragen, Bäume, wie es sie in keinem Wald in der Gegend gibt!" - Tatsächlich, edle Hölzer mit wunderschönen Blättern, herrlichen, duftenden Blüten und köstlichen Früchten wuchsen nun an ihren Hängen bis hinauf, so weit nur Bäume wachsen können.

„Oh!" freute sich die Bergin, „wie schön! In diesen Wäldern können viele Tiere wohnen, und auf deinen Wiesen können sie laufen, sich sonnen, sich vergnügen und spielen!" Und sie bat Tiere in die Gegend: Reh und Hirsch und Fuchs und Hase, aber auch seltene Tiere und sogar ein paar ganz besondere: weiße Hirsche, Silberlöwen und goldene Vögel kamen und blieben. Die Zeit verging, und Berg und Bergin freuten sich. Und sie ertrugen die Schmerzen, die die Menschen im Tal ihnen weiterhin zufügten.

Langsam, langsam geschah es: Die Menschen im Tal schauten zum Berg; sie sahen die Bäume. Sie schauten zum anderen Hang, sie sahen die Blumen. Immer häufiger machten sie Tiere aus, die sie noch nie zuvor gesehen hatten. Wanderer entdeckten den wunderschönen Wasserfall. Bergsteiger drangen bis zur Quelle vor und bestaunten ihre Schönheit. Sammler begeisterten sich an den seltenen Faltern und Vögeln. Maler konnten sich nicht satt sehen an den bunten Wiesen, den herrlichen Pflanzen. Dichter besangen Sonnenauf- und -untergang hinter Berg und Bergin.

Die Menschen im Tal setzten sich zusammen und berieten sich. Sie fanden diese Gegend nun so schön wie keine andere. Besucher reisten von weit her, es sprach sich herum. Immer mehr Menschen reisten an und wollten die wunderschöne Gegend sehen. So kam es, daß die Gegend feierlich zu einem geschützten Park erklärt wurde.

Nun durfte kein Baum mehr gefällt, die Wiesen durften nicht mehr gemäht werden, kein einziges Tier wurde mehr geschossen, selbst das Sammeln von Faltern oder Pilzen war verboten, ebenso die Nutzung des Wassers. Die Leitungen und Röhren wurden abgebaut. Der Bach konnte wieder fließen, wie es ihm gefiel, und sich seinen eigenen Weg suchen. Die Straße riss man ab und legte statt dessen einige Wege an, auf denen die Menschen, wenn sie sich still und ordentlich verhielten, durch den Park wandern durften.

Der Berg schaute liebevoll die Bergin an und freute sich, und die Bergin schaute zärtlich den Berg an und freute sich. Sie hatten nun nicht mehr das Gefühl, zwei zu sein; denn in ihrer Freude über alles Leben und all die Schönheit im Tal und an den Berghängen fühlten sie sich nicht mehr länger getrennt, sondern eins. Sie sprachen noch einmal mit der Himmlischen Mutter: „Mutter, wir danken dir, daß du alles so trefflich gefügt hast!"

Aber die Mutter schüttelte lächelnd den Kopf und antwortete: „Nein, das war nicht ich, das wart ihr selber! Ihr habt gezeigt, was Liebe ist. Und ihr habt gesehen, was Liebe bewirkt."

* * *

Tja, das ist eigentlich nichts, was man unter Männern erzählt. Das ist eher so eine Geschichte für Frauen. Gefällt euch solcher Weiberkram?

Lela: Weil es doch bald Frühling wird, wollt ihr noch eine Liebesgeschichte hören? Ein schönes Märchen?

Die Wolke und der Wind

Es war einmal eine Wolke, die war die schönste Wolke weit und breit. Mitunter hellrosa bis dunkelrosa, mitunter violett, mitunter von einem tiefen, dunklen Blau. Auch in ihren Formen war sie wunderhübsch, sie konnte sich so lang und schmal machen, daß sie die ganze Breite des Horizonts einnahm, sie konnte sich aufplustern, daß sie aussah wie ein wunderbar weicher Wattebausch, sie konnte dünn werden wie ein feiner Schleier. Nachts lag sie manchmal vor dem Mond, morgens über dem Tal. Sie war die schönste Wolke weit und breit, und sie wußte, daß sie die schönste war.

Die anderen Wolken hatten ihre Gefährten; Winde aus Norden, Osten, Westen oder Süden, kalte und stürmische, leichte und linde, und sie waren zufrieden. Sie spielten mit diesen Winden, sie ließen sich von ihnen treiben, in die Höhe oder tief über das Land hinweg. Nur die eine, die Schöne, die fand: „Einfach so ein Wind, nein, so ein Hergewehter von irgendwo, das ist mir nicht genug!"

Doch eines Tages begegnete sie einem Wind, der kam von weit her, und er wehte ihr zu: „Ich bin es, auf den du gewartet hast. Ich will dir zeigen, daß ich der einzig richtige Gefährte für dich bin, denn ich kann, was keiner kann!"

„Oh, „ sagte die Wolke, „das freut mich sehr! Also bitte zeige es mir!" Sie fühlte sich geschmeichelt, wurde noch farbiger und leuchtete noch mehr. Und der Wind sprach: „Nun gut denn. Ich werde, ich werde, ich werde ... ein Sonnenstrahl!" Gesagt, getan, aus dem Wind wurde ein wunderhübscher, golden glänzender, leuchtender

Sonnenstrahl, der geradewegs auf die Wolke schien.

Erst fand die Wolke das wunderschön, aber bald wurde es ungemütlich: zu warm und auch zu trocken. Sie begann zu stöhnen und zu ächzen. Doch der Sonnenstrahl strahlte golden und glänzend und hörte nicht auf; er gefiel sich im Strahlen.

Die Wolke seufzte: „Hör auf zu strahlen, du bist zu heiß, du bist zu hell, das vertrage ich nicht, ich vergehe!" - „Na", bedauerte der Sonnenstrahl, „dann bin ich eben wieder ein Wind."

„Ach," atmete die Wolke auf, „es war auch höchste Zeit. Ein Glück, daß du wieder bist, wer du warst! Aber nun, du windiger Geselle - mach' daß du fort kommst!"

„Nein," sagte der Wind „so schnell gebe ich nicht auf! Ich will dir etwas anderes zeigen. Ich werde, ich werde, ich werde ... ein wunderschöner großer Tropfen. Ein praller, blau schimmernder Regentropfen."

„Oh, wie schön!" freute sich die Wolke. „Wie angenehm, dann wohnst du bei mir, bist mir ganz nah, bist richtig bei mir, ein echter Gefährte, schöner als je ein Wind bei einer Wolke war. Denn wo immer er sich in die Wolke begibt, da muß sie zurückweichen. Ich aber kann dich bei mir wohnen haben. Ist das schön! Das hat sonst keine."

Sie freute sich, und der Tropfen wohnte in der Wolke. Aber die Wolke merkte bald: der Tropfen war schwer. Je länger sie ihn in sich wohnen hatte, desto schwerer wurde er. Sie konnte nicht mehr steigen und nicht mehr fliegen, wie sie wollte, und sich nicht mehr lang hinaalen über den Horizont, weil der Regentropfen so schwer wog. Schließlich hatte sie es satt. Sie sagte: „Weißt du was, ich habe keine Lust mehr, dich zu tragen, du bist mir einfach zu schwer!"

Sie öffnete die Arme und ließ den Tropfen einfach fallen, und der sagte im Fallen: „Na gut, dann nicht, dann werde ich eben wieder ein Wind!“

„Mein Gott, wie langweilig!“ sagte die Wolke. „Schon wieder nur ein Wind. Du weißt doch, daß ich das nicht will, überleg' dir etwas anderes.“

„Nun gut,“ sagte der Wind. „Ich werde, ich werde, ich werde ... ein richtiger Sandsturm.“ Und er griff in die Erde hinein, wirbelte alle trockene Erde auf, die er finden konnte, alles, was an Staub und Sand auf den Wegen und auf den Wiesen und Feldern lag. Er wirbelte es in herrlichen Spiralen nach oben. Er war stolz auf seinen wunderschönen Sandschweif, den er da so in den Himmel peitschte. Von ferne betrachtete die Wolke diese Sandspirale, und sie freute sich, war stolz und frohlockte: „So etwas hat sonst keine! Keine hat eine so lebendige, gelungene Spirale aus Sand. Wie herrlich sieht das aus!“

Dann kam der Wind immer näher, die Sandkörner erreichten das untere Ende der Wolke, und bald hüllten sie die Wolke ein. Die Wolke ächzte und schrie: „Das tut ja weh! Die kratzen und beißen und zwicken mich überall! Ich vergehe, es zerreißt mich! Das ist entsetzlich! Hör auf! Verschwinde! Laß mich in Frieden! Das mag ich nicht! Nein, du solltest dir etwas Besseres einfallen lassen!“

Nun wurde der Wind etwas ungehalten: „Also, sehr viel fällt mir nicht mehr ein. Noch einmal will ich es versuchen!“ Und er beschwor den Himmel, die Luft und die anderen Wolken: „Helft mir bitte! Ich will ein richtiger Blitz werden!“ Und tatsächlich, es brauten sich dunkle Wolken zusammen, ein Gewitter entstand und der Wind sprach: „Ich werde, ich werde, ich werde ... ein Blitz!“

Er wurde ein mächtiger, rot glühender, zuckender Blitz, der vom Himmel kam und mit energischen Zacken, leuchtend in feurigen Tönen, mitten durch die Wolke fuhr. Die Wolke ging entzwei und wurde ohnmächtig. Der Blitz freute sich und dachte: „Nun, endlich, endlich habe ich sie erobert!“ Die Wolke fiel polternd zusammen und war ganz erschöpft. „Nein, das ertrag ich kein zweites Mal. Du gefällst mir nicht, verschwinde! Ich bin, wer ich bin, und bleibe lieber allein.“

Da entfernte sich der Wind, zornig, aber auch traurig. Er dachte sich: „Ich werde um die Welt ziehen. Das wird mich auf andere Gedanken bringen. Was soll's! Es gibt noch viele Wolken auf der Welt! Ich werde schon eine finden!“ Und er zog um die Welt.

Derweil blieb unsere Wolke zurück. Sie war immer noch die Schönste. Sie war immer noch wunderbar rosa bis violett, legte sich an die Berge oder breitete sich über das Tal. Manchmal schwang sie sich auf und legte sich vor den Mond, manchmal begleitete sie die Sonne, bis sie unterging. Doch die anderen Wolken hatten alle ihre Gefährten. Mit der Zeit fühlte sich unsere Wolke zwar weiterhin schön, aber sehr einsam.

Der Wind, der um die Welt zog, traf hier eine Wolke und dort eine. Die eine hatte wunderschöne Formen, es fehlte ihr aber die Farbe. Die nächste hatte alle Farben, die man sich wünschen konnte, aber die Formen waren doch nicht so, wie sich der Wind das vorgestellt hatte. Wieder andere Wolken waren zwar in Farbe und Form nahezu perfekt, aber es fehlte ihnen die Frechheit seiner geliebten Wolke. „Nein“ dachte er. „Ich finde doch keine Bessere, ich will zurückkehren.“

So begab es sich, daß er, nachdem er einmal um die Welt gezogen war, wieder zurückkehrte zu seiner Wolke. Die Wolke, die immer noch die Schönste war und immer noch alleine, sah einen Wind herankommen. Sie dachte: „So einen schönen Wind habe ich selten gesehen! Ach, wenn doch nur mein Wind noch einmal käme! Nichts wünschte ich mehr, als einfach nur meinen Wind bei mir zu haben. Er war ja doch der Beste von allen."

Als der Wind näher kam, erkannte die Wolke, daß es ihr Wind war, und er erkannte, daß das seine Wolke war, daß sie immer noch alleine war und daß sie auf ihn wartete. Er grüßte sie und fragte rundheraus: „Na, möchtest du meine Gefährtin sein?" Sie leuchtete. „Ja, liebend gerne! Ich möchte deine Gefährtin sein und immer bei dir bleiben, und du sollst mein Gefährte sein und immer bei mir bleiben!"

„Gut," sagte der Wind, „das wollen wir tun!" Und dann fragte er noch lächelnd: „Na, soll ich vielleicht ein Blitz werden oder ein Sonnenstrahl?" „Bloß nicht!" sagte die Wolke. „Nichts, gar nichts mehr will ich, als nur einfach dich. Bleibe, was du bist, ein Wind, mein Wind!"

Tja und wenn sie sich nicht gestritten und nicht getrennt haben, dann sind sie heute noch zusammen.

* * *

Lela: Wollt ihr wissen, wie man einen Glückskuchen bäckt?

Der mit der Pfeife: Oje, schon wieder Weiberkram. Glückskuchen!

Lela: Du magst doch Kuchen!

Der mit der Pfeife: Ja, essen, aber nicht backen!

Lela: Ich finde, daß die Menschen das wissen sollten.

Der mit der Pfeife: Also gut! Aber ich sag's euch gleich: Jetzt gibt's wieder jede Menge Arbeit!

Wie man einen Glückskuchen backt

Lela: Dazu braucht man eine runde Form, weil ein Glückskuchen rund sein sollte, also nicht kastenförmig oder von irgendeiner anderen Form.

Wichtig ist: Seinen Glückskuchen, kann jeder nur selbst bakken, das gilt auch für die Männer! Denn jeder ist selbst seines Glükkes Schmied.

Natürlich könnt ihr auch Glückskuchen für jemand anderen backen und ihm dann schenken.

Das Kuchenrezept könnt ihr euch nach eigenem Gutdünken aussuchen, denn jeder hat ja sein eigenes Glück und für jeden ist Glück ein bisschen anders. Ihr könnt euren Lieblingskuchen machen: Das kann ein Sahnekuchen, ein Käsekuchen, ein Schokoladenkuchen oder ein Himbeerkuchen sein, das ist gleich! Hauptsache rund und daß ihr ihn gerne eßt!

Voraussetzung für einen gelungenen Kuchen, nicht nur für einen Glückskuchen, ist, daß ihr ihn mit Liebe backt und mit Freude. Das setz‘ ich voraus, es gehört sich, daß ihr nie backen solltet, wenn ihr schlechter Laune seid!

Daß aus eurem Kuchen ein Glückskuchen wird, geschieht, indem ihr einige Dinge dazugebt. Ihr macht also den Teig so, wie ihr ihn normalerweise macht. Ihr nehmt z.B. Butter, Eier, Mehl. Normalerweise verschwendet ihr keinen weiteren Gedanken darauf. Für einen Glückskuchen gehört dazu, daß ihr alles, was ihr braucht, in die Hand nehmt, anschaut, anlächelt und lobt. Das Loben ist wichtig!

Den Eiern sagt: „Was seid ihr für schöne Eier, wie ebenmäßig, wie angenehm." Das Mehl schüttet aus der Tüte in die Hand und sagt: „Wie schön, wie fein bist du! Du duftest sogar!" Zur Butter sagt: „Wie gelb bist du und wie frisch! Wie rahmig, wie sahnig fühlst du dich an!"

Warum sollt ihr das tun? Nun, weil ihr damit alle Zutaten in eine gute Laune und mithin in gute Schwingung versetzt. Anders gibt es keinen Glückskuchen.

Wenn ihr nun alle Zutaten beinander in der Schüssel habt, so ist wichtig, daß ihr, während ihr mit der einen Hand rührt oder knetet, mit der anderen Hand bestimmte Zugaben in den Teig mit hineingebt. Ihr könnt vorher und nachher auch mit beiden Händen rühren oder kneten, aber für kurze Zeit tut es mit einer Hand.

Ich nehme den Mixer.

Auch gut. Jedenfalls macht es so, daß ihr eine Hand frei habt. Nehmt also die Schüssel zwischen die Knie; vielleicht habt ihr auch jemanden, der euch die Schüssel hält. Mit der freien Hand tut ihr nun einiges in den Teig hinein. Und zwar habt ihr vier Wünsche frei:

Glück der Erde - das ist das Erste.

Ihr wünscht für euch selber oder für jemand anderen, dem ihr diesen Kuchen schenken wollt, etwas, was zu den irdischen, materiellen, faßbaren Gegebenheiten des Lebens gehört, z.B.: ein Dach über dem Kopf oder genügend Mittel zur Verfügung zu haben, um das tägliche Leben zu bestreiten, ganz bestimmte Dinge zu besitzen oder vielleicht auch ganz bestimmte Dinge loszuwerden, die man nicht mehr haben will. Ihr solltet euch vorher klar gemacht haben, was für euch zum Glück gehört. Ihr sagt also zuerst: „Glück der Erde". Führt die freie Hand in Richtung der Erde, nehmt ein bißchen - als wolltet ihr schöpfen, von diesem Glück, das die Erde euch bieten kann, und streut eine Prise davon in den Teig hinein, während ihr weiterrührt.

Dann kommt das *Glück des Herzens.*

Da legt ihr die linke Hand auf euer Herz. Überlegt euch vorher: Was ist das Wesentlichste, was im Herzen oder von Herzen aus da sein sollte oder gegeben oder vielleicht auch erhalten werden sollte, um glücklich zu sein: z.B. Freude, Freundschaft, Hoffnung, Liebe? Auch das 'Glück des Herzens' kann für euch selber oder für jemand anderen bestimmt sein. Faßt an euer Herz, nehmt, was ihr euch selber oder einem anderen wünscht, um von Herzen glücklich zu sein - und laßt von diesem 'Glück des Herzens' ein wenig in den Teig hineinrieseln.

Dann folgt das *Glück der Gedanken.*

Faßt euch an den Kopf. Überlegt euch vorher: Was ist wichtig für euch - oder für jemand anderen - um glücklich zu sein? Braucht ihr oder jemand bestimmte Worte oder Gedanken, z.B. tröstende, erklärende, hoffnungstiftende, beruhigende oder aufmunternde Worte oder Gedanken? Braucht es ein Machtwort, das gesprochen wird in eurem Leben oder im Leben eines anderen? Oder ein Wort der Versöhnung, ein Wort des Friedens? Was auch immer es sein mag, nehmt es mit einer Bewegung der freien Hand vom Kopf, von der Welt der Gedanken, und gebt es in den Teig hinein.

Schließlich - ohne das geht's nicht - gehört das *Glück des Himmels* dazu.

Ihr faßt nach oben über euren Kopf. Überlegt euch vorher: Was braucht ihr aus dem Himmel, - für euch oder jemand anderen - um glücklich zu werden oder glücklich zu bleiben? Ist es Schutz, Begleitung, Geborgenheit oder Trost, ist es Führung, ist es Wahrnehmungsvermögen? Sollen sich die Kräfte des Himmels sichtbarer, spürbarer, hörbarer machen? Was immer es sein mag, greift ruhig hoch hinauf, zu hoch könnt ihr nicht greifen! Holt mit einer Handbewegung das Glück aus dem Himmel und gebt es zum Teig hinzu.

Jetzt ist die Masse fertig. Ihr könnt sie rund geformt aufs Blech legen oder in eine runde Form hineinfüllen. Schiebt sie in den Ofen. Damit gebt ihr den rohen Kuchen aus der Hand und übergebt ihn einer anderen Macht, die weiter mit ihm umgeht. Auf der irdischen Ebene ist das erst einmal der Ofen. Bevor ihr die Ofentür schließt, werft noch einen Blick auf euren Kuchen und sprecht drei Bitten aus:

1. *„Die Naturgeister mögen diesen Kuchen begleiten und den, der ihn ißt.“* Das heißt also: Die Welt der Naturgeister sei denen, die ihn verzehren, wohlgesonnen.
2. *“Der Himmel sei dem, der diesen Kuchen essen wird, gnädig.”*
3. *„Und ich“* - das sagt oder denkt ihr, während ihr nun die Ofentür schließt - *„ich wünsche den Menschen, die diesen Kuchen essen werden, alles Glück, das nur möglich ist!“*

Ihr übergebt also den Kuchen nicht nur dem Ofen, sondern auch der Welt der Naturgeister und der Welt des Himmels. Ihr besiegelt das Ganze, indem ihr nun sagt: *“Ich bin derjenige, der Himmel und Erde zusammenbringt, aber ihr seid diejenigen, die diesen Kuchen wirksam machen”.*

Wenn ihr den Kuchen wieder aus dem Ofen nehmt, kann es sein, daß ihr ihn noch verzieren möchtet: ihn belegen oder mit

Häubchen versehen, mit einer Schrift, mit irgendetwas Schönem jedenfalls. Während ihr noch etwas hinzufügt, was eigentlich nicht notwendig, aber schön ist und Freude macht, solltet ihr eine Melodie singen, summen, pfeifen oder trällern. Nehmt möglichst eine Melodie, die in sich fröhlich ist - z.B. ein Kinderlied oder ein Tanzliedchen, irgendetwas, was man normalerweise singt, wenn man guter Laune ist oder um Kinder oder andere Menschen in gute Laune zu bringen, und während ihr singt, macht ihr eure Verzierungen auf den Kuchen. Dann ist der ganze Kuchen fertig und ein Glückskuchen.

Ist alles klar? Erscheint euch das machbar? Gut. Aber auf der Stelle wieder vergessen soll diese Zubereitung, wer nicht mindestens einen Glückskuchen im Jahr backt! Das ist meine etwas vehement ausgesprochene Bitte an euch: Wenn ihr schon um diese Möglichkeit wißt, so nutzt sie wenigstens einmal im Jahr, z.B. beim Geburtstagskuchen für den geliebten Menschen an eurer Seite. Einmal im Jahr! Es braucht ja nur ein kleiner Kuchen zu sein.

Aber mehrere kann man auch backen - für sich selbst und zum Verschenken?

Ja, natürlich! Du kannst - wenn du möchtest - einen Laden für Glückskuchen eröffnen. Wenn jemand wirklich vorhat, einen Laden zu eröffnen, dann sage ich euch gerne noch mehr und gebe euch weitere Rezepte.

Kann man das Glück auch hineintun, wenn man einen Zopf bäckt?

Ja, aber dann muß er rund sein. Auch eine Schnecke kann man machen.

Aber Vorsicht, die Formen haben ihre Bedeutung. Wenn ihr z.B. etwas backt mit einem Loch in der Mitte, dann hat das mit Treue zu tun, wie der Ring. Also, wenn ihr einen runden Kuchen backt mit einem Loch in der Mitte, dann darf es kein Glückskuchen sein, denn sonst fällt unter Umständen das Glück hindurch, sondern ein Treue-Kuchen. Dann bittet ihr um:

die Treue der Erde,
die Treue des Herzens,
die Treue der Gedanken (oder des Geistes) und
die Treue des Himmels,

Wenn man etwas Längliches bäckt, z.B. einen Zopf oder ein Brot oder einen Kastenkuchen, so eignet sich das, um daraus etwas zu machen, was mit Segen versehen ist und Segen bringt. Also, das ist dann ein Segensbrot oder ein Segenszopf, aber nicht ein Glückskuchen. Wenn du jemandem Segensreichtum wünschst, dann hat das eine andere Qualität als Glück.

Glück bedeutet, daß dein Leben gelingt, daß es dir eben glückt, daß es dir gut und leicht von der Hand geht, daß du, wenn du morgens aufwachst, voller Freude aus dem Bett steigst, und wenn du abends zurückschaust auf den Tag, das Gefühl hast: Es ist ein geglückter Tag, er ist gelungen. Ich bin ein geglückter Mensch, ich bin gelungen, so wie ich bin. Ich werde in eine glückliche, gelungene Nacht hineingehen und morgen als ein glückliches Wesen in eine glückliche Welt, die wunderbar gelungen ist, so wie sie ist, wieder aufstehen. Das ist Glück.

Segen bedeutet: einem Menschen Heil angedeihen zu lassen, ein 'Heil-werden' oder 'Heil-bleiben', eine Heilung und damit 'Heiligung'. Wenn auf jemand oder auf etwas Segen liegt, dann liegt gleichsam die gute, schützende Hand des Himmels, das Einverständnis des Himmels und auch das der Erde, also der Naturgeister, ja sogar ein zähneknirschendes Einverständnis der dunklen Wesen darauf. Glück bezieht sich auf den Menschen. Er fühlt sich geglückt und sieht, wie ihm die Dinge glücken. Segen geht über den Menschen hinaus. Er fühlt sich vom Himmel bestätigt, geführt und getragen und sieht, daß sein Tun vom Himmel gut geheissen und geschützt wird. Ein Segensbrot ist immer auch ein Schutzbrot. Das macht ihr so:

Der mit der Pfeife: Auch noch Brot! Na gut, ich werde mir noch eine Pfeife anstecken.

Das Segensbrot

Lela: Die Vorgehensweise ist die gleiche. Zunächst solltet ihr wieder die Zutaten loben, das ist unendlich wichtig. Übrigens würdet ihr euch allen einen Gefallen tun, wenn ihr das überhaupt tun würdet. Ihr esst nämlich nicht nur das, was ihr an Materialien zu euch nehmt, ihr eßt auch die Stimmung dessen, was ihr eßt. Das solltet ihr nicht zu gering schätzen.

Zwar kann das Mehl nicht sprechen, auch die Eier oder die Butter können es nicht, und dennoch: Wenn ihr fein genug wahrnehmen würdet, könntet ihr erkennen, in welcher Stimmung sich eure Nahrungsmittel befinden. Es ist wichtig und heilsam, daß die Dinge, die ihr eßt, guter Stimmung sind. Ihr fühlt euch doch auch wohler, wenn ihr von Menschen umgeben seid, die guter Laune sind. Ihr werdet euch unwohl fühlen, wenn ihr ein mißmutiges Brot eßt, eine vergrämte Wurst oder einen vergällten Käse. Es ist eigenartig, daß euch Menschen das nicht auffällt.

Wenn wir nun schon dabei sind: Auch wenn ihr auf den Markt einkaufen geht, macht euch einmal folgende Freude, nur einmal, zum Probieren: Laßt die Gedanken weg: „Was brauche ich alles, wieviel brauche ich wovon, habe ich noch genug Zeit, wo ist der Stand mit den wenigsten Leuten, wo komme ich am schnellsten durch, habe ich den Geldbeutel dabei, ist der Korb groß genug?" Laßt alle diese Gedanken weg. Stellt euch auf den Markt, schaut euch still um und versucht einmal wahrzunehmen, welches Obst oder Gemüse von wo euch ruft. Es kann wohl sein, daß ihr das vernehmen werdet, daß ihr hören werdet: Da hinten gibt es Äpfel, die sind lustig, die singen, die haben gute Laune, die lachen, die winken und sagen: „Komm' doch her! Nimm uns!"

Oder ihr seht beim Blumenhändler viele Blumen und ihr könnt euch nicht entscheiden, ihr werdet nervös. Bleibt ruhig und laßt diese Blumen mit euch sprechen. „Nehmt uns mit, wir werden treu sein, schön blühen, lange halten, wir freuen uns schon, bei dir sein zu können!" Andere Blumen sagen vielleicht: „Uns nicht, wir haben keine Kraft mehr. Wir gehören nicht zu dir! Heute nicht!"

Übt das beim Einkaufen! Vielleicht habt ihr schon einmal Kinder erlebt, die beim Einkaufen zum Beispiel sagen: „Ich will den Apfel!" und die schwierig werden, wenn ihr sagt: „Doch nicht den da hinten, das ist doch so mühsam, bis wir den da raus haben, nimm doch diesen hier!" Die Kinder sagen: „Nein, ich will aber den dort!" Das ist nicht nur Trotz, sondern häufig tatsächlich eine gelungene Kommunikation. Das Kind weiß dann genau, warum es den will und nicht einen anderen.

Ja, jetzt weiter mit der Zubereitung des Segensbrotes. Also, wenn ihr es mit der rechten Hand knetet oder rührt, dann tut mit der linken wieder etwas hinein.

Ihr bittet zuerst um den *Segen der Erde.*

Überlegt euch vorher, wie dieser Segen für euch oder für den, dem ihr das schenkt, aussehen könnte. Der Segen der Erde mag sein, daß jemand ein heiles und schönes Fleckchen Erde findet, wo zu wohnen gut tut, oder daß jemand, der von der Erde lebt, in einer segensreichen Erde anbauen oder gesundes Obst in ausreichenden Mengen ernten möge, oder daß alle Naturgeister wohlgesonnen Leben und Treiben dieses Menschen begleiten, oder daß er lernt, mit den materiellen Dingen richtig umzugehen, so daß die Dinge ihm wohlgesonnen sind, ihm gut zur Hand gehen, und er über nichts stolpert in der materiellen Welt. Schöpft mit einer Bewegung der linken Hand vom Segen der Erde und gebt ihn zum Teig.

Dann erbittet ihr den *Segen des Herzens.*

Legt die linke Hand also auf den Herzensbereich, erbittet Gefühle, die heil machen, Heilung und Schutz bringen, Schutz zum Beispiel vor Ängsten, vielleicht sogar vor Panik, Schutz vor Hoffnungslosigkeit, vor dem Gefühl der Verlassenheit oder vor dem Gefühl untröstlicher Trauer, bittet um das Heranreifen der inneren Gewissheit, daß der Mensch und sein Leben unter der liebevollen Aufsicht und Führung des Himmels und der Erde stehen, daß er also ein gesegneter ist und ein gesegnetes Leben führt. Oder ihr bittet um die Begegnung mit Menschen, Büchern, Musik, die segensreiche Gefühle erwecken. Nehmt von dem Segen des Herzens und gebt davon zum Teig.

Dann bittet ihr um den *Segen des Geistes:*

Ihr legt die freie Hand an den Kopf und bittet für euch oder einen anderen, daß heilende, heiligende, schützende Worte und Gedanken diesem Menschen begegnen oder ihn begleiten oder sich in seinem Kopf einfinden mögen, Gedanken, die aufbauen, die die Fülle der Welt und der Schöpfung erkennen lassen, die schützen vor allen negativen, isolierenden, störenden, zerfressenden Gedanken. Nehmt vom Segen aus der Höhe des Kopfes und gebt eine Handvoll davon zum Teig.

Und schliesslich bittet ihr um den *Segen des Himmels.*

Streckt die Hand nach oben und erbittet, daß der Segen des Himmels auf dem Menschen, für den das Brot ist, ruhen möge, d.h., daß der Himmel schützend, wohlgefällig, heilend und heiligend seine Hand oder seine Augen über diesen Menschen halte.

Nehmt, soviel ihr mit der Hand zu fassen vermögt und lasst den Segen des Himmels in den Teig hineinrieseln.

Gibt es dazu noch Fragen?

Wenn jemand Linkshänder ist, kann er dann die andere Hand nehmen?

Es wäre besser, mit der rechten Hand zu rühren und mit der linken Hand die Ingredenzien hinzuzufügen, weil es dann stimmiger ist. Also die Linkshänder bekommen kurzfristig ein Problem, aber es wird wohl zu meistern sein. Sollte ein Mensch mit der rechten nicht rühren können, dann kann das Rühren jemand übernehmen, der diesem Menschen sehr nahe steht. Er sollte sich dann rechts neben diesen Menschen stellen, ihm die linke Hand auf die Schulter legen und mit der rechten rühren.

Dann schiebt ihr euer Segens-Brot in den Backofen und übergebt es der Welt der Naturgeister und der Welt der Engel und sagt:

„Ich wünsche diesem Menschen allen Segen, der nur möglich ist!“

Wenn dieser letzte Spruch, mit dem ihr alles besiegelt und die Ofentür schliesst, nicht von Herzen kommt und ernsthaft gemeint ist, dann ist das Ganze unwirksam. Also sprecht ihn ebenfalls in allen vier Ebenen. Ihr sagt: „Ich wünsche dem Empfänger des Brotes allen nur möglichen Segen!“ als diejenigen, die ihr seid: mit eurem Körper, mit eurem Namen, mit eurer Herkunft, eurer Geschichte, eurem Beruf, allem was euch als sichtbare Person ausmacht.

Ihr sagt das und wünscht das zweitens mit all euren Gefühlen, von ganzem Herzen, mit allem, was euer Herz ausmacht.

Drittens sagt ihr das ohne einen Hintergedanken, ohne auch

nur die Spur eines „Ja, aber ...“ oder „Das wünsch’ ich dir zwar, aber nur weil es sein muß!“ oder, was man häufig tut: „Ich wünsch’ es dir, und wenn’s nicht kommt, geschieht’s dir recht!“ Was ihr wünscht, wünscht ihr mit reinem Geist, mit jedem eurer Gedanken.

Und viertens wünscht ihr es, indem ihr wirklich die Hand zum Himmel erhoben habt und euch wirklich auch zum Himmel gehörig empfindet, mit all eurem Glauben, mit all eurer Zuversicht, mit all eurer Gewissheit.

Zugleich steht ihr mit euren Beinen fest auf dem Boden, wenn ihr den Ofen bedient. Meistens geht man in die Hocke oder in eine gebeugte Haltung oder man kniet vielleicht mit einem Bein, und das ist auch ganz richtig so. Jedenfalls seid ihr der Erde näher als normalerweise, und zugleich in einer Haltung, in der ihr dem Himmel näher seid als sonst. Nur dann wird das Ganze wirksam.

Denn dieses letzte Sätzlein: „Auch ich wünsche dir alles Glück, das möglich ist!“ oder „Auch ich wünsche dir allen Segen, der nur möglich ist!“ entspricht dem „Amen“ nach dem Gebet. Wenn das nicht stimmt, stimmt alles nicht, das ganze Gebet nicht, der ganze Glückskuchen oder Segenskuchen nicht. Das heißt nicht, daß es dann ein schlechter Kuchen würde, er bleibt gut, aber halt ein ganz normaler Kuchen.

Habt ihr noch Fragen?

Ja, diese Bedingung der Eigenhändigkeit...

...die gilt auch für dich.

Ist es nicht wirksam, wenn man das seine liebe Frau machen läßt?

Nein! Also mindestens das Loben solltest du selber tun, die Sachen mindestens einmal selber angeschaut haben. Auch das Rühren solltest du selber tun, mindestens deiner Frau die Hand auf die Schulter legen, wenn du sie rühren läßt. Dabei tust du selbst die Ingredenzien hinein. Und den Kuchen in den Ofen schieben und den "Amen" - Spruch sagen, das solltest du auch selber tun.

Ora in labora

Übrigens hat das Ganze noch einen Hintergrund, und deswegen ist es mir ganz ernst mit dem, was ich euch gerade gesagt habe.

Eure Art zu beten ist: Ihr geht in die Kirche und betet Gebete, die alte Formeln sind, oder ihr geht in euer Kämmerlein und sprecht mit dem Himmel, wie es euch gerade vom Herzen kommt. Ihr seht aber an dieser Arbeit, wie Naturgeister beten: eine Art, die wir Naturgeister die Menschen lehren können, nämlich wie man durch Tun beten kann.

Denn was ihr hier gerade gelernt habt, ist: Ihr arbeitet mit den Händen, und diese Handarbeit wird zum Gebet. Ihr kennt doch den Spruch: „Ora et labora", bete und arbeite. Er besagt: den Tageslauf soll man aufteilen in Gebet und Arbeit. Ich schließe mich aber der Richtung an, die sagt: „Ora in labora", d.h.: das Gebet findet in der Arbeit statt, und Arbeit ist ein stetiges Gebet. Das ist das, was hinter all den Rezepten steckt.

Natürlich könnt ihr bei jeder Arbeit, die ihr tut, diese Art des Betens anwenden. Versucht einmal, irgendeine Form von Gebet in die Arbeit hinheinzubringen, sei es als Automechaniker, Rasen mähend, am Schreibtisch sitzend, Betten machend oder während des Frühjahrsputzes, ganz gleich welcher Arbeit ihr nachgeht. Wollt ihr wissen, wie man Arbeit zum Gebet macht?

Der mit der Pfeife: Das laß mich mal erklären. Ich will jetzt auch einmal wieder was sagen.

Wenn ihr euch an den Rat der Naturgeister halten möchtet, gewöhnt euch folgendes an: Wenn ihr eine Arbeit zu tun habt, auf die ihr euch nicht vollständig zu konzentrieren braucht, dann flechtet ein Gebet ein. Also nicht, wenn ihr Arzt seid und gerade einen schwierigen Eingriff vornehmt, nicht, während ihr im Auto sitzt und gerade überholt, nicht in schwierigen Momenten, sondern in den vielen Momenten, wo ihr eure Arbeit weiter tut, ohne euch voll konzentrieren zu müssen, wenn ihr also etwas "mit Links" macht, wenn ihr in Routine, Gewohnheit und Alltagstrott befangen seid, zumal wenn ihr ihn als belastend empfindet. Zu arbeiten, ohne ausgelastet zu sein, gibt euch die Möglichkeit, beim Arbeiten gleichzeitig zu beten.

Das Gebet besteht darin, aus den vier Ebenen der Erde, des Herzens, des Geistes und des Himmels etwas einfließen zu lassen in eure Tätigkeit, in die Apparate, mit denen ihr umgeht, in das Produkt, das gerade entsteht, in den Gegenstand, den ihr bearbeitet, auch in die Menschen, mit denen ihr zu tun habt. Wenn ihr z.B. staubsaugt, in den Staubsauger und in den Teppich, beim Schreiben in das Papier, den Bleistift und die Worte, wenn ihr ein Auto repariert, in die Werkzeuge und in das Auto hinein, wenn ihr unterrichtet, in die Schüler ... usw.

Laßt z.B. eine Tugend hineinfließen, also etwa:

Langmut der Erde,
Langmut des Herzens,
Langmut des Geistes und
Langmut des Himmels.

Oder laßt Schutz hineinfließen, also

Schutz der Erde,
Schutz des Herzens,
Schutz des Geistes und
Schutz des Himmels.

Oder nehmt Glück oder Segen oder Fülle oder Fügung oder was ihr wollt - immer auf den vier Ebenen. Macht - wenn die Umstände es zulassen - ruhig mit einer Hand die Geste zur Erde hin, zum Herz, zum Kopf und zum Himmel.

Dann bestätigt ihr immer noch einmal:

Ich bitte die Welt der Naturgeister um ihren Schutz (oder was ihr gewählt habt),
ich bitte den Himmel um seinen Schutz und
ich wünsche selber allen Schutz, der nur möglich ist für .....

(und jetzt kommt das, womit ihr zu tun habt: z.B. diese Menschen, diesen Raum, diesen Teppich, dieses Auto und alle, die in ihm fahren werden, diesen Brief und alle, die ihn lesen werden).

So nutzt ihr die Zeit, z.B. wenn ihr beim Einkaufen Schlange steht, oder an einer Theke und nicht gleich bedient werdet, oder an einer Ampel oder in der Küche, oder in einer Autowerkstatt, oder wo immer. So könnt ihr eure Arbeit mit Gebet verbinden und eine Spur des Gebets hinterlassen in der Welt, auch an Orten, an denen das Gebet normalerweise sehr selten anzutreffen ist.

Gibt es dazu noch Fragen?

Kann die Geste im Inneren gemacht werden?

Ja, natürlich! Wenn ihr unter Menschen seid, braucht ihr sie nicht äußerlich auszuführen, weil sonst jeder denkt: der hat Schwierigkeiten. Dann würdet ihr am Ende in Nervenheilanstalten sitzen und immerzu diese Gesten machen. Also das ist nicht gewünscht.

Fünfter Abend

21.3.1998

Warum die Rosen Dornen haben

Es war einmal vor langer, langer Zeit, da gab es auch schon Rosen, aber die hatten Stiele wie die Tulpen - einfach glatt und grün und schlank. Diese Rosen wuchsen in großen Büschen. Zu jedem dieser Rosensträucher gehörte ein Naturgeist, der ihn bewachte und belebte.

Damals war ein Ungeist unterwegs. Ein Ungeist ist ein Wesen wie eine schwarze Wolke, das durch eine Gegend zieht, von den Hängen hinab insTal und das ganze Tal entlang und über die Hügel verschwindet. Wenn man einen Ungeist sieht, dann sollte man sich so schnell wie möglich davon machen. Es gibt keine Möglichkeit, ihm entgegen zu treten. Es nützt nichts, mit ihm zu sprechen oder ihn anzulächeln. Vor einem Ungeist flieht man, und auch vor Orten, an denen sich ein Ungeist längere Zeit aufgehalten hat. Solche Orte nennt ihr normalerweise „unselige Orte".

Ungeister treiben allerlei Schabernack, der nicht nur kleines Mißgeschick, sondern oft großen Ärger und großes Leid mit sich bringt. Ja, manchmal kommt aus diesem Ungeist so etwas wie ein Fluch - ohne Ziel und Plan, einfach so. Was ihm über den Weg läuft, wird verzaubert oder ins Unglück gestürzt.

Solch ein Ungeist zog also durch die Gegend, wo an einem Hang - schön sanft zum Tal hinabgleitend - viele solcher Rosenbüsche mit ihren Naturgeistern lebten. Und natürlich gab es dort auch viele andere Naturgeister auf bunten Wiesen und in den Wäldern, unter anderem eine ganze Menge, die zu Bienenvölkern gehörten. Der Ungeist, der über den Berg gekommen war und jetzt diesen Hang hinabglitt ins Tal hinunter, sah einen Schwarm Bienen, die summten und surrten durcheinander. Er ärgerte sich über die fröhlich und lustig dahertanzenden Bienen, die sich so wohl fühlten. Er blickte zornig und grollte sie an: „Ihr von da, ihr geht nach dort“. In Sekundenschnelle waren die Bienen wie von unsichtbarer Hand durch die Luft gewirbelt und hinübergeworfen auf die Rosensträucher. Auf jeder Blüte landete eine Biene und blieb dort sitzen wie festgeklebt.

Der Ungeist lachte und fuhr die Naturgeister, die zu den Rosensträuchern gehörten, an: “Und ihr von da, ihr geht fort”. Sie wurden wie von magischen Kräften fortgerissen und weit weg in die Luft geschleudert, wo sie hilflos und unglücklich hintaumelten, weil sie eigentlich nicht fliegen konnten und auch gar nicht fort wollten. Der Wind zerstreute sie in alle Himmelsrichtungen.

Der Ungeist lachte keckernd vor sich hin und zog belustigt der nächsten Untat entgegen. Die Bienen summten hilflos in ihren Blüten. Nach und nach wurde das Summen leiser, nach einiger Zeit summte nurmehr eine, dann hörte auch die zu summen auf, und es war still.

Die Nacht kam. Der Mond schien auf weinende Rosen. Weinende Rosen? Er staunte. Ja, er hörte leises Klagen, Wimmern und Jammern. Er schaute auf die Rosen hinunter, und siehe da! In jeder Blüte saß ein ganz kleines Naturgeistermädchen, übriggeblieben von der toten Biene. Die kleinen Naturgeistermädchen konnten sich nicht helfen. Der Mond schien auf sie, bis er vor lauter Trauer und Kummer unterging.

Der Sonnenschein stieg langsam herauf, der Himmel wurde rosarot, dann orange, dann wurde er strahlend, und die Sonne schien auf die Rosenblüten. Und da saßen die kleinen Naturgeistermädchen - das eine im Schneidersitz, das andere ließ über die Blütenränder seine Beinchen baumeln, ein nächstes wieder hatte sich zusammengekauert und schlief noch angelehnt an ein Rosenblatt, ein anderes reckte sich gerade, eins probierte ein bißchen vom schönen süßen Blütensaft, ein anderes versuchte, sich aufzurappeln und über den Blätterrand einer fast noch geschlossenen Rose nach draußen zu schauen, wie tief es denn nach unten war, und zog sich erschreckt wieder in die Rosenblüte zurück. Ein anderes bog zwei Rosenblättchen auseinander und versuchte jemanden zu Hilfe zu rufen, aber wer sollte denn da unten im Gras das zarte Stimmchen hören?

So kam der Tag heran. Die Naturgeistermädchen begannen sich allmählich wohlzufühlen und es schön zu finden in ihren Rosen, also richteten sie sich ein: Ein Blatt diente zum Schlafen, ein anderes zum Sitzen, ein anderes zum Anschauen und wieder ein anderes als Gesprächspartner - und manches fand sogar ein Blättchen, auf dem es schaukeln konnte. Der Abend kam und der Mond ging wieder auf, schaute auf seine Rosen und sah lauter kleine schlafende Naturgeistermädchen eingekuschelt und eingekringelt in ihre Rosenblüten. Da lächelte er still.

So vergingen Tag um Tag und Nacht um Nacht. Eigentlich ging es den Naturgeistermädchen ganz gut, nur ein bißchen alleine waren sie. Sie hatten zwar die herrlichen Blütenblätter, sie genossen den wunderbaren Duft, einen schönen Ausblick, tags die Sonne, nachts den Mond. Und sie hatten einander auf den anderen Blüten. Aber es fehlten ihnen kleine Naturgeisterbuben. Ja, weit und breit war keiner zu sehen und zu rufen.

Da hatten sie eine Idee. Am nächsten Abend schliefen sie nicht ein. Und als der Mond kam und ihnen liebevoll zulächelte, da nahmen sie all ihre Kraft zusammen, zählten bis drei und riefen gemeinsam dem Mond entgegen: “Lieber Mond, hilf uns. Schick silberne Strahlen zu kleinen Naturgeisterburschen. Sag ihnen, wir warten auf sie.” “Nun“, antwortete der Mond, „auf meiner langen Wanderung werde ich bestimmt ein paar nette Burschen finden, ich werde ihnen Strahlen zuschicken, die ihnen sagen, sie sollen euch besuchen”. Der Mond schaute links und schaute rechts, und er sah tatsächlich viele kleine Naturgeisterbuben, lustige Burschen allesamt, gut zu Fuß, unternehmungslustig und gewöhnt daran, in Gruppen auszuziehen. Die sprach der gute alte Mond an: “Geht zum Rosenhang und sucht euch jeder ein hübsches, kleines Naturgeistermädchen. Sie sitzen da und können nicht weg, sie warten auf euch.”

So machte sich eine ganze Gruppe auf den Weg. Der war mühselig: sie mußten den ganzen weiten Hang hinauf. Bei ihrer Größe war das eine Reise von mehreren Tagen. Sie kletterten über große Steine, wanderten um dicken Wurzeln und Baumstämme herum, zwängten sich durch Gestrüpp, wagten sich an riesengroßen Tieren - an Mäusen, Igeln, Blindschleichen und sogar einem Hasen - vorbei. Einige verließ der Mut, andere die Kraft. Aber eine gute Gruppe schaffte es und kam beim Feld der Rosen an.

Nun riefen sie nach Leibeskräften: “Ihr dort oben, der Mond hat uns geschickt, jetzt sind wir da, wartet auf uns, wir sind gleich bei euch.” Ach, wie freuten sich die Naturgeistermädchen! Sie tranken noch ein bißchen von ihrem herrlichen Rosensaft und bekamen süß klingende Stimmchen, sie betupften sich damit, so daß sie ganz nach Rosen dufteten. Sie schauten neugierig über die Blätter. Fast verloren sie das Gleichgewicht, denn sie waren ein bißchen beschwipst vom Rosenwein. Sie lachten und sie lockten: “ja komm doch, komm ein bißchen schneller, komm, du sollst der erste sein".

Die Naturgeisterburschen krempelten die Ärmel hoch und machten sich ans Klettern. Aber das war leichter gesagt als getan. Die Stiele waren glatt wie die von Tulpen. Der erste schaffte vier, fünf Klimmzüge, dann rutschte er zurück - mit hochrotem Kopf plumpste er auf den Boden. Der nächste war schlauer. Er sagte zu dreien seiner Freunde: "Ihr kriegt auch noch ein Mädchen, aber helft mir erst einmal, daß ich hinaufkomme." Also verschränkten sie die Hände und machten so eine Leiter - einer über dem anderen - und hoben ihn mit den Händen bis weit über die Hälfte des Stengels hinauf. Da mußte er niesen, und schon lag er im Gras auf dem Rücken und strampelte mit allen Vieren. Einer sagte: "ich mach es noch anders." Er suchte sich einen Grashalm, fest genug und doch ein wenig biegsam, nahm Anlauf und schwang sich im Stabhochsprung der Blüte entgegen, aber er verfehlte den Blütenrand, flog in hohem Bogen durch die Luft und plumpste unsanft ins Gras.

"Nein so geht das nicht", sagten die Naturgeisterburschen. Sie begannen, aus Grashalmen Leitern zu knoten. Das dauerte eine halbe Nacht. Die Naturgeistermädchen weinten und kicherten und wurden ungeduldig. Endlich war die Leiter fertig. Nun war die Frage, wer darf hinaufklettern und wer muß halten? Darüber wurden sich die Naturgeisterburschen nicht einig. Sie zogen und zerrten an der Leiter herum, bis sie zerriss.

Sie überlegten: "Wir könnten natürlich versuchen, auf einem Mondstrahl hinaufzuklettern". "Oh", rief der Mond, "das tut lieber nicht, das kitzelt mich, so daß ich dann sehr schnell eine Wolke rufen muß, denn das halte ich nicht aus. Viele kleine Beinchen auf meinen Strahlen, huh, mich kitzelt schon die Vorstellung!“ Sie versuchten es dennoch. Der Mond tat, was er konnte, aber lange hielt er nicht aus. Er mußte eine Wolke rufen. Der Strahl hörte auf zu strahlen und plumps! landeten sie wieder auf dem Boden.

Die Burschen schüttelten traurig die Köpfe und sagten zueinander: „Jetzt schlafen wir im Schutze der Sträucher, und morgen gehen wir wieder nach Hause.“ Die Naturgeistermädchen hörten die Worte und schliefen kläglich weinend ein - kummervoll mit roten kleinen Äuglein und ohne Hoffnung.

Nur ein Naturgeistermädchen blieb wach. Als es keine Tränen mehr hatte, wandte es den Blick zum Himmel, schaute den Sternen beim Funkeln zu und fing an, mit ihnen zu sprechen: “Sagt, ihr Sterne, was kann bloß geschehen, daß die Naturgeister zu uns hinaufklettern können und wir zu ihnen hinunter? Oder sollen sie wirklich so weit entfernt bleiben, wie ihr von mir und ich von euch?” Die Sterne funkelten aus der Ferne, als wollten sie etwas sagen. Nur verstehen konnte das Naturgeistermädchen sie nicht. “Ach”, seufzte es, „was kann bloß geschehen, daß sie zu uns können? Fällt euch denn nichts ein?” Und wieder funkelten die Sterne, und wieder schaute das Mädchen hinauf, hörte aber nichts, und wurde schließlich so müde, daß es einschlief.

Der Morgen kam, die Sonne ging strahlend auf. Das Naturgeistermädchen rieb sich die rotgeweinten Äugelchen, schaute zum Himmel, fühlte die wärmende Sonne, schaute zu ihren Nachbarrosen und erschrack. Was war denn das, was ragte durch die Blütenblätter dort hindurch? Da stand ein leibhaftiger Naturgeisterbursche vor ihr zwischen zwei Blütenblättern wie ein kleiner Prinz und sprach: “Ich grüße dich. Magst du mich, dann mag ich dich”. Sie nickte ihm zu, lächelte und antwortete: “Magst du mich, mag ich dich auch, so ist es Brauch. Aber wie bist du hier hinaufgekommen?" "Oh", lachte der Naturgeisterbursche, "nichts einfacher als das, schau nur selbst." Er zog sie an den Rand der Blume, bog zwei Blütenblätter auseinander, so daß sie bequem hinunterschauen konnte, und sie meinte ihren Augen nicht zu trauen. Da war über Nacht eine bequeme Leiter aus lauter Dornen entstanden.

Als die anderen Naturgeisterburschen erwachten, hatten sie keine Mühe, jeder eine Rose zu erklimmen - gemütlich von Dorn zu Dorn steigend. Ein jeder nahm eines der Mädchen zu sich und führte es nach Hause. Dort in ihrem Naturgeisterreich lebten sie in einer großen Familie glücklich bis ans Ende ihrer Tage.

Seither haben alle Rosen Dornen, für den Fall, daß dem Ungeist wieder einfallen sollte, so etwas zu tun. Und seither ist die Rose nicht nur die Blume der Schönheit, sondern auch die des Schutzes.

* * *

Ist die Rose nicht auch die Blume der Liebe?

Das ist richtig, und zwar nicht, weil die Liebe dornige Seiten hätte, sondern weil die Dornen ein Mittel sind, die Liebe vor Ungeist zu schützen. Ihr sollt nicht denken, die Rose wie die Liebe hätten auch unangenehme Seiten. Die Rose gehört zum Schönsten und Betörendsten auf der Welt, wie die Liebe. Dornen sind die Art und Weise, wie man dem Ungeist begegnen, sein ungutes Tun zunichte machen, d.h. wie man das Glück bewahren kann.

Wer hat die Dornen entstehen lassen?

Das sind die Freunde von weit weg gewesen, im Auftrag der Mutter. Euer Bild mit Maria im Rosenhag zeigt nicht Maria zwischen Blüten und dem Übel der Dornen, also zwischen dem Schönen und dem Schmerzlichen. Dies ist ein Bild der reinen Freude und noch dazu ein Schutzbild. Denn die Rose, die Dornen trägt, ist eine wehrhafte Pflanze. Sie zeigt euch: die Liebe, das Gute und das Glück werden geschützt und behütet.

Von einem, der die Gunst der Feen erlangte und wieder verlor

Es war einmal ein Junge, der zu Hause keine Arbeit und kein Auskommen hatte, denn die Mutter war kränklich, und der Vater war zwar fleißig, aber sehr arm. Also sagte der Junge seinen Eltern Adieu und zog hinaus, um in der Welt sein Glück zu machen. Er dachte bei sich: Wohin ich soll, das weiß ich nicht, aber was ich mir wünsche, das weiß ich wohl: ich möchte dorthin geführt werden, wo ich lernen kann, was ich werden soll. Er pfiff ein Liedchen, war wohlgemut und wußte sich im Schutze des Himmels, denn er war ein frommer Junge. Er wußte, er würde schon am rechten Platz sein zur rechten Zeit.

Er kam in einen Wald und begegnete einem Köhler. “Na Bursch, was suchst du?”

“Arbeit such, ich guter Mann.”

“So, so, dann komm nur zu mir, einen kräftigen Burschen wie dich kann ich immer brauchen.“

Der Bursche willigte ein. Er ließ sich vom Köhler sein Handwerk zeigen. Aber das ging nicht lange gut. Drei Tage, drei Nächte und schon war es dem Burschen zu heiß, zu schmutzig und zu anstrengend. „Nichts für ungut, guter Mann“, sagte der Bursche am dritten Tag, „aber das ist mein Leben nicht. Nein, ich gehe weiter.”

“Na dann”, sagte der Köhler, “wenn du jemanden triffst, der mir helfen kann, bitte denk an mich.”

“Das will ich gerne tun”, sagte der Bursche und machte sich auf den Weg.

Ein Männlein aus dem Wald hatte diese Worte gehört, trat dem Burschen in den Weg und sprach ihn an: “na du, wohin willst du?”

“Ach“, antwortete der Bursche, wohin ich will, das weiß ich nicht, aber woher ich komme, das weiß ich, da will ich nicht bleiben.”

“Wo kommst du denn her?”

“Vom Köhler”, antwortete der Bursch. Und er dachte bei sich: Dem sag ich bestimmt nichts davon, daß der Köhler Hilfe sucht. Der kann ja kaum sich selber tragen, wie soll er die schwere Arbeit tun! Das Männlein schaute ihn an, lächelte und trat ihm nicht aus dem Weg, so, als wollte es noch irgend etwas. Der Bursche wußte nicht was, aber weil ihm nichts Besseres einfiel, redete er drauflos: “Na ja, eigentlich wollte ich es nicht sagen, jetzt tue ich es doch: Der Köhler braucht Hilfe. Geh hin und hilf ihm, er wird sich freuen, und ein Brot bekommst du auch, das täte dir gut. Versprichst du mir, ihm zu helfen? Dann kann ich guten Gewissens weiterziehen”.

“So hast du es doch gewagt und mich gefragt”, murmelte das Männlein. Es verschwand, und alsbald stand es vor des Köhlers Haus als ein strammer, mächtiger Bursche, der dem Köhler zur Hand ging, so daß der Köhler ein gutes Auskommen hatte bis ins hohe Alter.

Unser Bursch ging weiter und sah auf dem Feld einen Gänsejungen, der hütete eine Gruppe von Gänsen. “Was machst du denn da?”

“Gänse hüten”, antwortete der Knabe, “den ganzen Tag”.

“Das sieht lustig aus und scheint leichte Arbeit zu sein”,

meinte der Bursche.

“Bitte”, lachte der Junge ihn an, “dann tu’s, ich gehe heim”.

Der Knabe liess ihm das Hütestöckchen, machte sich davon und verschwand hurtig ins Dorf. Da saß nun der Bursch mit den Gänsen. Aber was hatte er sich da eingefangen! Sie schnatterten und schnatterten und liefen alle auseinander. Schnell mußte der Bursche laufen, sie alle wieder zusammenzubringen, und zum Dank schnatterten sie noch lauter. Am Abend war dem Burschen klar: Das ist mein Leben nicht. Er trieb die Gänse ins Dorf und gab sie auf dem Dorfplatz ab .

Da trat ihm ein kleines Männlein in den Weg, lächelte, setzte eine Flöte an den Mund und spielte. Herrlich klang’s. Aber da läuteten vom Dorfplatz die Glocken, und das Männlein erschrak ganz fürchterlich. “Welch ein Lärm, das ist ja unerträglich!” Der Bursche wollte weiter schreiten, aber das Männlein stand ihm so eigenartig im Wege und guckte ihn so abwartend an. Da fasste sich der Bursche ein Herz: “Weißt du, wo ich grad herkomme, da gibt es eine ganze Herde Gänse, die schnattern laut durcheinander, aber sie wollen gehütet sein. Also wenn du Arbeit suchst, der Knabe gibt dir bestimmt einen Teil seines Brotes ab. Wirst du hingehen und an meiner statt die Gänse hüten? So kann ich leichten Herzens weiterziehen.“

“Danke, das du gefragt hast!”, wisperte das Männlein und machte sich davon mit seiner Flöte. Und als es bei den Gänsen angekommen war, da war es ein hübscher, stattlicher Junge geworden, der mit den Gänsen hinauszog und die Flöte spielte. Wie still und gesittet folgten sie ihm!

Der Bursche zog weiter, schlief die Nacht am Wegesrand und machte sich schon in aller Frühe wieder auf den Weg. Auf einem

See entdeckte er einen Fischer, der angelte still vor sich hin. „Willkommen am See", grüßte der Fischer, als er wieder am Ufer war, "wenn du magst, kannst du gerne mit mir kommen. Zu zweit können wir Netze auswerfen und guten Fang einholen."

"Prima", willigte der Bursche ein, "mir soll es recht sein", und dachte bei sich: Fische schnattern nicht - welch herrliche Stille! Am nächsten Morgen in aller Herrgottsfrühe fuhren sie auf den See hinaus. Es war neblig und kalt. Mit klammen und steifen Fingern versuchten sie, die Netze auszuwerfen, was nicht gelingen wollte, es verhakte sich und die Knoten rissen.

"Na", sagte der Fischer, "da hast du etwas zu tun für den Nachmittag, da kannst du Flicken üben".

Oh je, dachte sich der Bursch, das ist mein Leben sicher nicht. Und als sie wieder am Ufer waren, verabschiedete er sich und zog weiter.

Da hörte er am Rand im hohen Gras etwas vor sich hinmurmeln. Er bog die hohen Gräser auseinander und sah ein Männlein daherschreiten, das mit beiden Händen gestikulierend vor sich hin murmelte.

Der Bursche sprach es an: "Du, mit wem redest du, und was erzählst du?"

Da unterbrach sich das Männlein: "Ich sage, was mir wichtig scheint. Wenn ich damit fertig bin, sage ich alles, was mir unwichtig scheint. Und wenn ich damit fertig bin, fange ich wieder von vorne an."

Mm, dachte sich der Bursche, so ein schwatzhaftes Wesen ist nichts für den Fischer, aber der braucht eigentlich dringend Hilfe. Das Männlein stellte sich ihm in den Weg und ließ ihn nicht vorbei. Und so erzählte er dem Männlein vom Fischer. „Versprichst du mir, ihm zu helfen? So kann ich guten Mutes weiterziehen."

„Wie gut, daß du gefragt hast!", dankte das Männlein, verabschiedete sich mit vielen Worten und höflichen Gesten und machte sich davon. Der Bursche blickte ihm lächelnd nach. Was er aber nicht sah, war, daß alsbald aus dem plappernden, gestikulierenden Männlein ein bedachter, schweigsamer Bursche geworden war, der Netze auswerfen konnte wie kein anderer, daß es eine Freude war.

Unser Bursche ging weiter und wußte ganz genau: Köhler wollte er nicht werden, Federvieh nicht hüten und keine Fische fangen. Wie glücklich war er, daß er Hilfe hinterlassen hatte! In Gedanken dankte er den drei Männlein. Was er aber werden wollte, wußte er immer noch nicht. Am Rande einer Lichtung ließ er sich nieder, mutlos, leise mit dem Himmel hadernd und unendlich müde. Kaum hatte er sich niedergelegt, schon schnarchte er.

Als die Mitternachtsstunde kam, geschah Wundersames auf der Lichtung. Da kamen die drei Männlein. Das eine spielte auf der Flöte, das Gestikulierende murmelte hübsch dazu, das dritte klopfte mit seinem Stab den Takt auf einen Stein. Jeder hatte ein junges Feenmädchen mitgebracht, eines schöner als das andere, die tanzten lächelnd. Von dieser wundersamen Musik mußte der Junge wohl aufgewacht sein. Er setzte sich auf, lauschte den wundersamen Klängen und schaute entzückt den Feenmädchen zu. Mit wallenden Gewändern näherten sie sich dem Burschen, umkreisten ihn, streiften ihn mit kleinen Feenflügeln und tanzten und lachten um ihn herum. Er konnte sich nicht von der Stelle rühren, so voller Staunen war er. Die Mädchen trugen ihm ihre Krönchen zu, streichelten ihn mit ihren Händchen ums Gesicht, küßten ihn sacht auf die Wangen, lachten hellauf und waren wieder zu den drei Männlein enteilt.

So ging es geraume Zeit. Immer noch saß der Bursche stocksteif. Die Männlein zürnten: „Das ist doch nicht zu fassen, er kriegt ja immer noch nicht den Mund auf. Wollte er nicht wissen, was er werden sollte? Er ist zu dumm, er ist ein Mensch, wir müssen ihm helfen, sonst wird das nichts."

Eines der Männlein trat auf ihn zu und sagte: "Dem Köhler hast du zu einem Helfer verholfen, dafür helfe ich dir: Ich gebe dir meine Fee an die Seite". Er winkte das bezaubernden Wesen herbei, und es gesellte sich zu ihm, setzte sich kichernd an seine Füße. Dann trat das zweite vor und sagte: "Dem kleinen Burschen, der die Gänse hütete, hast du ein anderes Leben ermöglicht, denn er ist ein kluger Junge und jetzt studiert er. Dafür gebe ich dir meine Fee." Und es brachte sein feines Feenmädchen zu ihm, das ließ sich nieder und strahlte ihn an. Das dritte Männlein trat nun vor und sprach: "Dem armen Fischer hast du ein besseres Auskommen ermöglicht, zum Dank dafür bekommst du auch von mir eine Fee."

Am nächsten Morgen erwachte der Bursche, und zu seinen Füßen - das konnte er ganz deutlich sehen - saßen drei Feen! Die eine war blau gekleidet, die andere rot und die dritte gelb. Die im blauen Gewand klatschte in die Händchen und rief: "komm, mach dich auf, wir müssen los!". Die rot gekleidete sorgte sich um sein Bündel und mahnte: "pack schnell deine Sachen zusammen." Die gelbe setzte sich ihm auf die Schulter und wies ihn an: "nur zu, dort den Hang hinunter, ich werde dir sagen, wohin es geht."

So zog der Bursche weiter, begleitet von drei kleinen Feen. Die eine achtete darauf, daß er sich nirgends wehtat und daß er nie müde wurde. Die zweite sorgte, daß er immer hatte, was sein Herz begehrte. Und die auf seiner Schulter zeigte ihm den Weg, damit er dorthin kam, wo er das werden konnte, was er werden sollte.

Sie führten ihn geradewegs zu einem Doktor in einem stattlichen Dorf. Bei diesem Doktor fing er an zu lernen. Als der Doktor älter und schwächer geworden war und die Leute sagten: ein Doktor, der sich selbst nicht mehr helfen kann, kann auch uns nicht mehr helfen, da übergab der Doktor seine Arbeit dem jungen Burschen. Der hatte inzwischen genug gelernt, um ein guter Arzt zu sein.

Die drei Feen waren immer zu seinen Diensten. Die blaue Fee wirkte, daß er nicht müde wurde. Die rote sorgte, daß er immer genug zu trinken und zu essen hatte, und die gelbe sagte ihm immer, wo er gebraucht wurde und wie der kürzeste Weg dorthin war. So kam der Doktor zu großem Ansehen. Von weit her kamen viele Menschen und suchten seinen Rat.

Er wurde nicht nur berühmt, er wurde leider auch eingebildet. Er brüstete sich mit seinem Können. Sonntags veranstaltete er gar Wettspiele: Ein Knabe versteckte sich an den schwierigsten Stellen in den Bergen, er kletterte behende und von Feenhand sicher geführt die Felsen hinan, fand ihn mühelos und kassierte die Wettgelder.

Die drei Feen taten zwar, was sie zu tun hatten, aber gut gelaunt waren sie nicht mehr. Nein, sie waren traurig, zornig und wütend. Denn aus dem jungen Doktor war inzwischen ein ziemlich rundlicher, ziemlich reicher, selbstzufriedener, in einem großen Haus residierender Landarzt geworden.

Eines Nachts - er mußte wohl schon eingeschlafen sein - kamen die drei Männlein. Das eine sagte: "Meine Fee nehm ich zurück, ab jetzt wirst du alleine für deine Arbeit und deinen Erfolg sorgen müssen, mühselig Tag und Nacht, so wie einst der Köhler."

Auch das andere Männlein nahm seine Fee wieder zurück und sprach: “Ab jetzt, mein Lieber, wird nicht mehr einfach so dein Magen gefüllt sein, dein Leib sich wohlfühlen, jetzt mußt du ihn mühsam hüten, wie einst der Hütejunge die Gänse.“ Das dritte Männlein trat vor: “Deine liebe Freundin, die immer dafür gesorgt hat, daß du zur rechten Zeit am rechten Ort bist, diese Fee nehme ich zurück. Jetzt mußt du selber herausfinden, wann du wo sein solltest, und wirst oft ganz vergebens unterwegs sein, wie der Fischer auf dem See.”

Als der Doktor am nächsten Morgen erwachte, konnte er seine Feen nicht mehr finden. Er lief in den Wald, er lief den Berg hinauf, er lief zu der Lichtung zurück - mühselig schwitzend und keuchend -, um seine Feen wiederzufinden. Aber er hat nie wieder ein Männlein, eine Fee oder auch sonst irgendein Wesen aus unserer Welt gesehen. Sein Leben verlief in Mühsal, und alt ist er nicht geworden.

* * *

Der mit der Pfeife: So! Jetzt erzähle ich euch noch, wie es einem Naturgeist erging, der bei Menschen etwas lernen wollte.

Vom Umgang mit der Technik

Ihr wißt, daß Naturgeister von Natur aus sehr neugierig sind und daß sie für ihr Leben gerne mit Maschinen und Apparaten hantieren, von denen sie wenig verstehen. Um zu lernen, was Menschen damit machen, begab sich vor gar nicht langer Zeit ein junger Naturgeist in ein Haus und schaute sich alle ganz genau an.

Im Keller standen eine Waschmaschine, ein Schleuderdings zum Trocknen, eine Gefriertruhe und noch alles mögliche, von dem er aber bis heute nicht weiß, wie es benutzt wird.

Er lernte, daß in eine Waschmaschine die Wäsche zerknittert und trocken hineinkommt, und wenn sie wieder herauskommt, ist sie genau so zerknittert und noch dazu naß. Er lernte, daß in den Trockner die Wäsche naß hineinkommt und trocken wieder heraus. Er lernte, daß man die Wäsche zuerst in den einen und dann in den anderen Apparat tut und keinesfalls umgekehrt. Selbst wenn die Wäsche naß ist, kommt sie trotzdem erst in die Waschmaschine und dann erst in den Trockner. Er lernte, daß in die eine Maschine Pulver hineingehört, in die andere aber unter gar keinen Umständen. Wenn man es - aus Gründen der Gerechtigkeit - umkehrte, gingen beide Maschinen kaputt.

Dann lernte er, daß man bei der einen Maschine die Tür geschlossen halten muß, während die andere Maschine so rasch wie möglich wieder geöffnet werden muß, wenn sie fertig ist. Öffnet man die eine zu früh, schwappt einem ein Wasserschwall entgegen, öffnet man die andere zu spät, fallen zerfusselte, verknitterte Wäschestücke heraus.

Die dritte Maschine sah aus wie die erste, war aber ganz etwas anderes. Man tut etwas hinein, aber unter gar keinen Umständen Sachen zum Anziehen, sondern zum Essen. Man darf die Sachen für die eine nicht in die andere Maschine tun. Er hatte das ausprobiert und eine Menge Ärger bekommen.

Im Erdgeschoß stand eine Spülmaschine, die der Waschmaschine ähnlich sieht und auch dasselbe tut, in die man aber deshalb noch lange keine Kleider hineinfüllen darf!

Er lernte, daß man mit einem Herd zwei Dinge tun kann: etwas hineinschieben und etwas draufstellen, das dann warm wird, aber nur, wenn man die richtigen Schalter bedient. Er hatte auch schon den falschen Schalter gedreht, da wurde es ihm sehr heiß unter den Füssen und er mußte gucken, daß er von der Platte verschwand. Hatte er alles begriffen.

Nun kamen die kleinen Geräte dran, und die waren besonders lustig, vor allem, wenn man sie alle gleichzeitig einschaltete. Es surrte und pfiff, piepste und klingelte an allen Ecken und Enden. Am lustigsten war, wenn man einfach immer dasselbe in alle Maschinen hineintat und schaute, was dann heraus kam. Z.B. Mehl im Mixer gab Wolken, Mehl im Toaster gab Gestank, Mehl in der Kaffeemaschine gab weiße Klumpen. Ein Stückchen Brot im Toaster gab stinkende Kohlestückchen, im Mixer gab es lauter kleine Geschosse und in der Kaffeemaschine machte es einfach nur die Maschine kaputt.

Nachdem er das alles gelernt und sich vorgenommen hatte, eine Allzweckmaschine zu erfinden, die gleichzeitig mixen, toasten und Kaffee machen konnte, begab er sich in ein anderes Zimmer. Da staunte er: "Das ist ja das Spannendste von allem!" Da gab es einen Kasten, wo die Leute unentwegt reden, wenn man auf den

Knopf drückt. Man kann ihnen auf die Nase stipsen, sie an den Ohren kratzen, ihnen Grimassen schneiden oder die Zunge herausstrecken - und sie reden einfach weiter ohne Unterlaß, als hätten sie gar nichts gemerkt. Und das beste: wenn man sie nicht mehr hören und sehen will, drückt man auf den Knopf, und sie sind weg.

Dann gab es noch ein Ding, da hört man Leute reden, aber man sieht sie nicht, in etwa so wie einige Elfen, die man reden hört, aber sie sind so fein, daß man sie nicht sieht. Nur bei den Elfen, da gibt es eine Möglichkeit. Wenn du eine Elfe hörst, aber du siehst sie nicht, dann mußt du sie zu fassen kriegen und kitzeln, dann muß sie richtig lachen. Wenn sie lacht, fällt sie in die Sichtbarkeit hinein.

Also immer, wenn das Ding an war und man Stimmen hörte, kitzelte der Naturgeist den Kasten und das ganze Kabel entlang, aber die Stimme wurde nicht sichtbar. Da gab er es auf. Also diesen Kasten wollte er nicht nachbauen. Da waren ihm echte Elfen lieber.

Noch ein Stockwerk höher waren Zimmer mit Betten, da gab es Uhren, die tickten, aber das Beste war, sie klingelten auch, je nachdem an welchen Knöpfen man drehte. Das war das Allerlustigste. Weil er nichts von Zeit verstand, verstellte er ein bißchen die Weckzeit und ein bißchen die Uhrzeit. Dann hoffte er, daß es klingelte. Manchmal ging es schnell, manchmal wartete er unendlich lang und gähnte schon, und plötzlich rasselte der Wecker. Die Menschen standen auf. Dann schimpften sie furchtbar und legten sich wieder zu Bett. Aber er kam nie darauf, wie es ging.

Und schließlich unterm Dach, da gab's ein tolles Ding. Es war ein Baum und doch kein Baum. Es hatte lauter Verzweigungen und Äste, aber alle ganz gerade. Es hatte auch keine Rinde, es war kalt und pieksig, aber darauf herumklettern konnte man sehr gut. Und immer, wenn er eine Nacht lang darauf herumgeklettert war, kam am nächsten Morgen schimpfend und schnaubend ein Mann mit einer blauen Jacke und einem Köfferchen und ärgerte sich: "Wer hat denn das schon wieder gemacht?" Er fing an, an dem Baum herumzuhantieren, bis endlich alles wieder so war, wie es dem Naturgeist gar nicht gefiel, dann ging er. -

Wieder zu Hause erzählte der Naturgeist seinem Naturgeistervolk, was Menschen so in ihren Häusern haben. Er setzte sich ein wenig erhöht, so daß alle ihn gut sehen und hören konnten und begann: "Ihr ahnt gar nicht, was es in einem Haus so alles gibt, und was man alles braucht. Zuerst einmal braucht ihr einen Keller, denn wer keinen Keller hat, der kann die Maschinen im Keller nicht aufstellen."

Fleissig fingen die Naturgeister alle an zu graben und bauten Keller unter ihren Wohnungen. Bei der nächsten Zusammenkunft erklärte er ihnen, was eine Waschmaschine ist: "Also, die Maschine ist viereckig, die Tür ist aber rund. Warum, weiß ich nicht. Oben sind Schalter, an denen kann man drehen." So erklärte er alle Maschinen der Reihe nach.

Die Naturgeister versuchten, nachzubauen, was er ihnen erklärt hatte. Sie bauten wunderschöne Kästen - rechteckig, mit runden Türen und Knöpfen dran. Sie bauten Herde mit vier Platten obendrauf und Knöpfen vornedran. Sie gaben sich alle erdenkliche Mühe, aber nichts funktionierte. „Was sollen wir mit Kästen, die nix tun!", beschwerten sie sich.

Unser Naturgeist meinte: „Vielleicht klappt es mit kleinen Geräten wie Mixern, Toastern und Kaffeemaschinen." Und er erklärte ihnen all die Küchenmaschinen. Mit neuem Elan bauten sie nun kleine Geräte mit Hebeln und Schaltern, mit Knöpfen drauf und langen Leitungsschnüren. Der Naturgeist gab Anweisung: „Zu jedem Maschinchen setzt sich ein Naturgeist, und wenn ich auf den Knopf drücke, mußt du immerzu klingeln, du da mußt blöb, blöb, blöb sagen und du mußt immerzu wwwww summen. Das tut ihr, bis ich den Knopf wieder drücke und stop sage." Die Naturgeister applaudierten und die Jungen freuten sich: „Jetzt ist mal etwas los bei uns zu Hause. Was macht man damit?"

"Gebt mir ein bißchen Mehl und Brot und ich werde es euch zeigen."

Er warf das Mehl in die Maschinen, befahl den Naturgeistern, ihre Geräusche zu machen - aber nichts geschah. Er versuchte es mit dem Brot - wieder nichts. Die Naturgeister schüttelten die Köpfe: „So ein dummes Zeug. Bist du sicher, daß du wirklich bei Menschen warst? Wir dachten immer, die wären kluge Geschöpfe."

"Ja", beteuerte er, "bei den Menschen hat das funktioniert."

„Also irgendetwas hast du falsch gemacht. Bevor wir weiterbauen, wollen wir uns das selbst anschauen."

So beschlossen die, die Lust hatten, die Neugierigsten also, in die Dörfer und Städte zu gehen und sich genau anzuschauen, was die Menschen da für Maschinen haben, wie sie von innen aussehen und warum sie funktionieren. Sie besiedelten alle Häuser der Umgebung und untersuchten die Maschinen dort, jeder eine, um sich nicht zu verwirren und die Maschine ganz genau zu erforschen - außen und innen.

Die meisten verliebten sich geradezu in ihre Maschinen. Sie fanden es spannend, was sich da alles bewegte, verschränkte, drehte, surrte, summte, blinkte und leuchtete. Sie fanden es eine Sache der Ehre, einer kaputten Maschine wieder auf die Sprünge zu helfen, den durchgeschmorten Draht wieder zu knoten, die lockere Schraube festzudrehen, das eingeklemmte Teilchen wieder zu lösen. So sind sie bis zum heutigen Tag bei ihren Maschinen und nicht mehr zu ihren Wiesen und Wäldern heimgekehrt.

Seit diesen Zeiten ist es Brauch geworden, daß jede Maschine in einem Haus einen Naturgeist hat, der zu ihr gehört, der sie erkundet und erforscht, sie schätzt und liebt, und der dann bei ihr bleibt und sie gut behandelt und versorgt, solange es sie gibt.

* * *

Der mit der Pfeife: Wollt ihr jetzt noch wissen, wie man mit solchen Naturgeistern in Kontakt kommt und wie man mit ihnen umgeht?

Also, jede Maschine in eurem Haus, ob klein oder groß, hat einen Naturgeist, oder bekommt einen, wenn ihr sie zu Hause aufstellt und in Betrieb nehmt. Betrachtet sie mit den Augen eines Naturgeistes, d.h. wie ein wunderschönes Kunstwerk, ja, als wäre sie das siebente Weltwunder: Das ist ja unglaublich, was da alles dran ist, wie viele Knöpfe, Schalter, Lichter sie hat. Und die vielen Zeichen und Buchstaben, die da drauf sind - was sie wohl alles bedeuten mögen? M.a.W.: Bewundert eure Maschine und habt sie gern.

Tut ihr das nicht, so verwirrt ihr den Naturgeist. Wenn ihr jeden Tag sagt: Was bist du für ein blödes Ding, wie hässlich siehst du aus, du funktionierst ja schon wieder nur halb, dann nimmt der Naturgeist eure Haltung an. Euer Schimpfen wird die Maschine nicht hören, aber wenn der Naturgeist schimpft, das wird sie hören. Dann wird die ungeliebte Maschine bald ihre Funktion aufgeben. Ein Naturgeist übernimmt die Stimmung, die ihr ihm vorgebt.

Ferner: Ihr macht eure Maschinen nach Gebrauch normalerweise sauber und haltet sie in Stand. Macht sie aber nicht nur sauber auf der materiellen Ebene, sondern bittet den Naturgeist, sie auch auf seiner Ebene zu reinigen und sauber zu halten. Er wird nach seinen Kräften versuchen, sie funktionstüchtig und in gutem Zustand zu erhalten.

Also, wenn ihr den Computer ausmacht, einmal kurz draufklopfen und sagen: gut bist du gelaufen, dann euch an den Naturgeist wenden und sagen: gell du sorgst dafür, daß alles wie geschmiert weiterläuft und in Ordnung bleibt.

Ist eine Maschine tatsächlich mal kaputtgegangen, dann bittet den Naturgeist, dem Reparateur die Hände oder die Werkzeuge zu führen. Das kann viel Geld sparen! Wer Maschinen repariert, weil das sein Beruf oder sein Hobby ist und er das gerne tut, der kann von den Naturgeistern lernen, wo etwas nicht funktioniert.

Es steht z.B. ein Mechaniker vor einem geöffneten Auto, guckt in den Motor hinein und überlegt: wo ist das Problem? Wer ein bißchen Übung hat, wird wahrnehmen, wie der Naturgeist des Wagens wie verrückt auf einem Ventil herumtanzt oder immer auf einen Punkt zeigt: da, da, da! Also hört darauf, wenn Naturgeister verzweifelt versuchen, euch zu sagen: dort ist das Problem!

Habt ihr noch Fragen?

Sind die Naturgeister also bei einer Maschine, auch ohne daß ich sie gebeten habe?

Normalerweise kommen sie von alleine, ganz einfach aus Neugier. Wenn etwas Neues in dein Haus kommt, spricht sich das bei ihnen herum. Sie sind so neugierig, daß irgendeiner aus der Umgebung sich sagt: „Ich möchte mir genauer anschauen, wie das funktioniert." Dann wird diese Maschine einen Naturgeist haben. Du kannst natürlich auch höflich sein, wenn du um die Naturgeister weißt, und sagen: "Jetzt fahre ich zum Elektrogeschäft und werde mir einen neuen Mixer kaufen. Wer den betrachten und begleiten möchte, der möge kommen." Dann wird gleich zum Empfang ein Naturgeist bereitstehen und sich dieses Apparates annehmen.

Kann der Naturgeist nicht schon beim Aussuchen helfen?

Ja, aber ob ihr dann den preiswertesten bekommt, ist die Frage. Ihr bekommt entweder den buntesten oder den lustigsten oder den kompliziertesten. -

Zum Schluß erzähle ich euch noch eine Legende, die zugleich eine schöne Liebesgeschichte ist.

Wie der Bodensee zu seinem Namen kam

Das war vor langer, langer Zeit, wie ihr euch denken könnt. In einem Fischerdorf wohnte eine Fischerfamilie mit einem Sohn, der war ein stattlicher junger Mann. Er war bildschön, hatte braunes Haar, glänzend wie Kastanien, dazu blaue Augen, blau, wie der See bei gutem Wetter, wenn sich der Himmel in ihm spiegelt, eine ebenmäßige Statur, edle Hände, ein fein geschnittenes Gesicht und ein liebenswürdiges Lächeln. Als Sohn eines Fischers mußte er das Handwerk seines Vaters lernen. Er lernte Netze zu knüpfen, das Boot fertig zu machen und auf den See hinauszurudern. Er lernte die Plätze kennen, wo die besten Fische standen, die Zeiten, zu denen sie am leichtesten zu fangen waren. Folgsam lernte er alle Tricks, mit denen man die Fische dazu bringt, zu tun, was man will. Er war brav und gehorsam gegen seinen Vater, er war liebenswürdig und sanft gegen seine Mutter. Er war also ein guter Sohn, und er bemühte sich, auch ein guter Fischer zu sein.

Aber genau besehen war er ein schlechter Fischer, denn er war eben sanft und zwar auch gegen die Natur - er wollte die Fische nicht fischen. Es grauste ihn, sie im Boot zappeln, nach Luft schnappen und langsam verenden zu sehen. Viel mehr Spaß machte es ihm, im Boot zu sitzen und ihnen zuzuschauen, wie sie sich jagen, wie sie sich umkreisen, wie sie an die Oberfläche kommen und nach etwas schnappen, wie sie plötzlich stillstehen, wie sie dann pfeilschnell davonschiessen, rasch und lautlos in die Tiefe verschwinden. Stundenlang konnte er ihnen zusehen, über das Boot gebeugt, mit einer Hand im Wasser spielend. Und so vergaß er über dem Betrachten das Fischen und kam stets mit wenig oder gar nichts nach Hause. Und jeden einzelnen Fisch, den er fischte, bat er um Verzeihung, und für jeden einzelnen war er traurig, ihm aber auch dankbar.

So fischte er grade genug, um zu leben, also nicht besonders viel, und das heißt: er war arm und er blieb arm. Nicht, daß er verhungert wäre, aber reich wurde er nicht.

Es begab sich, daß in dem Nachbarhaus ebenfalls eine Fischersfamilie lebte, die hatte ein Töchterchen, das war mindestens so schön wie der Fischersjunge. Sie war blond und hatte grüne Augen, die gaben ihr ein tiefgründiges Aussehen. Dazu hatte sie ein sehr helles Lachen. Sie war fröhlich, konnte wunderbar singen und herrlich tanzen. Und sie konnte schwimmen, fast so gut wie ein Fisch, was selten war, denn längst nicht alle Kinder, die am Wasser wohnten, konnten schwimmen. Es war damals nicht üblich, sich im Wasser zu vergnügen.

Auch sie war eine gute Tochter, ging der Mutter zur Hand, war emsig, gutwillig und hilfsbereit. Sie hatte einen fleißigen Vater, der brachte es durch seine Fischerei so weit, daß er einen Gesellen einstellte und bald darauf sogar ein weiteres Boot kaufte. So konnte er immer mehr fischen. Er hatte beste Beziehungen zu allen möglichen Orten, wo er seine Fische hinverkaufte. So wurde er reich und reicher. Er schenkte seinem Töchterchen vielerlei Schmuck, bunte Kleider, ziegenlederne Schuhe und für den Winter warme Fellstiefelchen, eine Mütze und einen Schal dazu, beides aus feinster Wolle.

Das Mädchen war fröhlich und glücklich über diesen Reichtum, über das schöne Leben, über ein wohnliches, warmes Häuschen, über den erfolgreichen Vater mit den zwei, ja inzwischen sogar drei Booten. Aber sie war auch traurig, denn sie liebte den Fischersjungen von nebenan und der Fischersjunge liebte sie. Aber der Fischersjunge war dem Vater des Mädchens zu arm. Er verbot die Heirat.

So sehr sie auch weinte und bettelte und so sehr sie - und auch die Mutter - den Vater beknieten, er sagte: „Entweder du heiratest, wen ich will, oder du gehst in‘s Kloster. Denn ich will dich gut versorgt wissen. Entweder bist du versorgt im Kloster oder du bist versorgt bei einem Mann meiner Wahl. Das kann nur einer sein, der mindestens so viel besitzt wie ich und der zu meiner Arbeit noch seine hinzutut, damit wir gemeinsam Großes erreichen." So wurde die blonde, grünäugige Fischerstochter verheiratet an den Sohn eines Gastwirts aus dem Nachbardorf. Der Fischer und der Gastwirtssohn arbeiteten zusammen mit viel Erfolg. Tatsächlich: ob Ansehen, Geld oder Einfluss in der Gegend, es mangelte ihnen an nichts!

Die grünäugige, blonde Fischerstochter fügte sich in ihr Schicksal. Sie wurde eine gute Frau, nie ganz glücklich, aber auch nicht ganz traurig. Sie lebte ein Leben in Sicherheit und Wohlstand, gefüllt mit Arbeit und Pflicht und kleinen Freuden, und sie war's zufrieden.

Doch der Fischersjunge konnte diese Trennung nicht verwinden. Er liebte sein blondes Fischersmädchen von nebenan und er fühlte, nein, er wußte, daß es nie eine andere für ihn geben würde. Er war traurig und das Herz war ihm schwer. So fuhr er weiterhin mit seinem Schiffchen hinaus auf den See und schaute den Fischen zu. Er weinte, wo niemand es sah und wo er seine Tränen den Fischen anvertrauen konnte.Er wußte: Sie würden schweigen. Und er fischte noch weniger gern, denn er hatte das Gefühl, daß die Fische, wenn sie ihn anschauten aus großen, traurigen Augen, bevor sie starben, genauso weinten wie er, daß es ihnen genauso schwer um's Herz war, und daß mit jedem Fisch, der starb, ein bißchen von ihm starb.

Er fand tatsächlich keine andere Frau, denn er wollte keine andere. - Als seine Eltern starben, blieb er allein, arm und traurig. Immer öfter sahen ihn die Leute aus dem Dorf schon früh morgens mit seinem Nachen weit hinaus rudern und erst heimkehren, als es spät Nacht geworden war. Bei Vollmond kehrte er überhaupt nicht heim, sondern blieb mit seinem Schiffchen auf dem See, dem dunklen. Die Leute schüttelten den Kopf und sagten: „Der wird noch ein schlimmes Ende nehmen. Das kann nicht gut gehen!"

Und tatsächlich: Eines Tages - wieder war der Fischersjunge auf den See hinausgefahren und wieder war er lange draußen geblieben - zog ein fürchterliches Unwetter auf. Schnell wurde es düster, es war kalt, Blitze zuckten über den See, rasch gefolgt von Donnerkrachen, Regen prasselte auf's tiefgraue Wasser, der Wind blies stürmisch, immer höher schlugen die Wellen. Da kippte das Schiff und der Fischersjunge fiel in's Wasser. Er sah noch einmal den Himmel und nahm Abschied, dann hörte er auf zu atmen und sank auf den Boden des Sees.

Dort sahen ihn die Fische liegen. Sie waren bestürzt, denn sie hatten seine Tränen gesehen und seine Dankbarkeit empfunden, sie hatten sein Mitleid gefühlt und seine Traurigkeit gespürt, als wäre es ihre eigene. War er nicht stets ein wenig mitgestorben mit jedem der ihren, der sterben mußte? Nun dachten sie: „Jetzt schon soll er sein junges Leben lassen? Nein, das darf nicht sein!"

Sie taten etwas, was Fische gewöhnlich nicht tun: Sie brachen ihr Schweigen. Sie baten den großen Naturgeist des Sees: „Bitte, hilf! Tu etwas für diesen Menschen! Wir schweigen sonst immer, jetzt schweigen wir nicht! Wir alle bitten dich: Hilf dem traurigen Fischersjungen, der unser Freund ist!“

Der Fischersjunge lag noch immer auf dem Boden des Sees und man hätte meinen können, er sei schon tot, aber dem war nicht so. Er versank in den Boden, in den Schlamm, in den Tang hinein, er sank immer tiefer, und man fand ihn nie wieder.

Was aber geschah mit ihm? Er sank in den Boden des Sees hinein, er sank durch den Boden des Sees hindurch und erwachte auf einer wunderschönen Wiese. Er blickte staunend um sich: Auf der Wiese blühten Blumen, die Vögel zwitscherten in den Ästen eines Baumes, dessen knorzigen Stamm er in seinem Rücken spürte, zu seiner Linken lag ein kleiner Teich. Die Sonne schien und wärmte angenehm, es duftete süß nach Sommerblüten. Er fühlte sich warm und wohl, so leicht und so glücklich wie noch selten.

Und das Allerschönste: Er guckte über den Teich und sah von der gegenüberliegenden Seite her ein Mädchen auf sich zukommen, das tanzte durch die Wiesen und sang. Es hatte wunderschöne, blonde Haare, und als es näherkam, sah er: es hatte grüne Augen. Sie war es! Sie lächelte erst und dann lachte sie ihn an und fiel ihm in die Arme. Da umarmte, küsste und herzte er sein Fischersmädchen, das er immer geliebt hatte. So freuten sie sich und versprachen sich ewige Liebe und Treue. Gemeinsam bauten sie sich ein Häuschen an dem Teich gleich neben dem großen, knorrigen Baum und lebten dort glücklich miteinander.

Die Leute aus dem Dorf versammelten sich auf dem Dorffriedhof. Sie machten einen Gedenkstein für den Fischersjungen, dessen Leichnam man nicht gefunden hatte, und stellten ihn genau neben das

Kreuz eines frisch aufgeworfenen Grabes, in das hatte man kurz zuvor die grünäugige Blonde, die Frau des Wirtssohnes gelegt, die im Kindbett gestorben war. So waren sie tot für die Welt und waren doch nicht tot: Sie lebten unter dem Boden des Sees.

Weil man den Fischersjungen nie mehr fand, nirgends auf dem Boden des Sees, so ging die Mär, daß es mit dem Boden dieses Sees etwas Besonderes auf sich haben müsse, daß es unter dem Boden dieses Sees noch einen Boden gebe und dazwischen eine ganze Welt ...

Daher hat der Bodensee seinen Namen.

Nachwort

Von Martin Kriele

Die Naturgeister erzählen uns sowohl wahre Begebenheiten wie auch Märchen. Daß sie erzählen, ist aber kein Märchen, sondern Realität, so märchenhaft es zunächst scheinen mag. Einer der ersten Leser der Manuskripte hielt das für eine entzückende literarische Fiktion. Auf unsere Versicherung, es sei aber Tatsache, meinte er: "Wie hübsch! Fiktionen muß man konsequent durchhalten." Da konnte jeder weitere Widerspruch nur zur Wiederholung des Gleichen führen. Wer an die Realität der Naturgeistererzählungen nicht glauben mag, der möge halt Alexas Dichtkunst bewundern; seiner Freude an den Miniaturen braucht das keinen Abbruch zu tun.

Für den gebildeten "heutigen Menschen" gilt folgendes als ausgemacht:

1. Naturgeister gebe es gar nicht.
2. Wenn es sie gäbe, könnten sie sich nicht mitteilen, schon gar nicht in kunstvollen Erzählungen mit soviel Welt- und Menschenkenntnis, Humor und hintergründiger Weisheit.
3. Wären sie aber dazu fähig, so könnten Menschen ihre Sprache nicht vernehmen.

Diese drei Annahmen folgen aus einem Grunddogma: Intelligenz setze ein materielles Gehirn voraus, und somit einen physischen Leib, der sich der biologischen Evolution verdankt. Diesem

Dogma ist in den letzten Jahrhunderten nicht nur unsere Kenntnis der Naturgeister zum Opfer gefallen. Selbst moderne Theologen meinen: Es gebe auch keine Engel, kein Fortleben nach dem Tode, keine Auferstehung, keinen Heiligen Geist und so weiter, konsequenterweise eigentlich auch keinen Geist Gottes. Alle Hochreligionen und alle Naturreligionen des Ostens und des Westens seien phantasievolle menschliche Erfindungen, die kulturhistorisch oder psychologisch zu erklären seien.

Es gibt kühne Zweifler, die die Herrschaft dieses Dogmas selbst kulturhistorisch und psychologisch erklären. Das soll hier nicht unser Thema sein. Für solche "Ketzer" der modernen Weltanschauung sei aber ein Wort hinzugefügt:

Alexa hat die Geschichten nicht erfunden, sondern sie hat wie eine Simultan-Dolmetscherin übersetzt, was sie vernommen hat, nicht anders, als sie auch die Sprache der Engel zu übersetzen pflegt. Die Engel bedienen sich ihres Könnens, um uns in einem groß angelegten Kursus über die Welt des Himmels zu unterrichten: "Wie im Himmel, so auf Erden" [1)]. Im Nachwort zum ersten Band wird erläutert, wie dieses Dolmetschen möglich ist und wie es vor sich geht. Einige Kapitel dieses Werkes sind der Welt der Naturgeister gewidmet und werden unsere Naturgeisterstunden begreiflich machen. [2)]

Naturgeister sind uns aus Märchen und Sagen vertraut: Als Feen, Elfen, Nymphen, Wichtel, Kobolde und andere schalkhafte oder

---

1.) Alexa Kriele, Wie im Himmel so auf Erden, Einführung in die christliche Engelkunde, Ch. Falk-Verlag, Seeon, Bd. I 1998, Bd. II 1999, Bd. III folgt im Jahre 2000.

2.) Bd. I: S. 110 ff, 116 ff, 186 ff, 207 ff, 240 ff, 287 ff.
Bd. II: S. 150 ff, 232 ff, 265 ff, 305 ff.

hilfreich wirkende Wesen. Im Hintergrund stehen Erfahrungen und konkrete Begegnungen, die im Volk weit verbreitet waren, die freilich ein feines Wahrnehmungsvermögen voraussetzen. Dieses ist heute an sich nicht weniger vorhanden als in früheren Jahrhunderten, aber es ist verschüttet durch Lärm, Hektik, Technik und eben das herrschende weltanschauliche Grunddogma.

Die Natur ist von lebendigen und intelligenten Geistwesenheiten durchseelt oder begleitet, wie ja auch der Himmel nicht leer, sondern von höchst konkreten, vielfältig tätigen Engeln belebt ist. Allerdings bestehen wesentliche Unterschiede zwischen Engeln und Naturgeistern:

Die Naturgeister sind nicht "reine Geister". Sie haben eine energetische Leibgestalt in der sogenannten ätherischen Sphäre, die ähnlich sichtbar ist wie gelegentlich die Aura des Menschen. Sie sind allerdings leichter hörbar als sichtbar. Sie haben keine Flügel, also nicht die Fähigkeit, sich spontan an andere Orte zu versetzen. Sie sind nicht unsterblich, sondern durchlaufen Altersstufen, werden allerdings oft weit über tausend Jahre alt. Sie sind männlich oder weiblich und leben in Familien, Sippen und Königreichen. Sie nehmen -wie die Engel- menschenähnliche Gestalt an, wenn sie sich dem Menschen wahrnehmbar machen wollen. Sie wirken dann aber winzig, oft auch kindlich, drollig und verspielt. Sie ähneln Kindern auch in ihrer Lustigkeit, ihre Empfindsamkeit und Frömmigkeit. Sie sind dem Menschen hilfreich und liebevoll zugetan; man kann sie aber auch verschrecken und beleidigen, dann wenden sie sich ab oder spielen Streiche. Sie sind sehr neugierig, beobachten viel und lernen von den Menschen. Zu diesen blicken sie als Autoritäten auf und bedürfen ihrer als Mittler zwischen Himmel und Erde.

Nicht nur ihre Märchen, sondern auch ihre Berichte von wahren Begebenheiten haben für unsere Vorstellungswelt märchenhafte Züge. Denn sie leben in einer Seinsebene, in der manches, was uns phantastisch erscheint, doch Realität haben kann. Aus der Berührung mit ihnen sind viele Werke der Malerei des "Phantastischen Realismus" entstanden. Friedrich Hechelmann, gewiß der bedeutendste Vertreter dieser Schule in der gegenwärtigen Generation, hat uns eines seiner zauberhaften Meisterwerke exklusiv als Titelbild für dieses Buch zur Verfügung gestellt. Dafür danken wir ihm auch an dieser Stelle noch einmal herzlich.

Vertrautheit mit den Naturgeistern zeigt sich auch in zahlreichen Werken unserer Dichter, und zwar gerade der größten unter ihnen, wie etwa Shakespeare (z.B. im Sommernachtstraum) und Goethe (z.B. im Faust). Unter den Dichtern der Romantik hat vor allem Heine, dessen Lyrik u. a. Schubert und Schumann zu einigen ihrer schönsten Lieder inspiriert hat, ein eindrucksvolles Bekenntnis zu den Naturgeistern abgelegt.

Heinrich Heine (1797-1856) war nicht nur ein geistreicher Romantiker, sondern zugleich ein Streiter für Vernunft, Freiheit und Demokratie. 1835 wurden seine Werke in Deutschland verboten und er ins Exil vertrieben. 1851, also wenige Jahre vor seinem Tod, veröffentlichte er seine „Lamentationen“. Sie enthalten wehmütige Verse über die Vertrautheit mit den Naturgeistern und die Entfremdung von ihnen. Wir stellen sie dem Buch statt eines Vorwortes voran.

Wir hoffen, die Wiederentdeckung der Naturgeister werde nicht nur einer neuen Romantik, sondern auch der ökologischen und politischen Vernunft Auftrieb geben. Denn sie kann dazu beitragen, die Enge und Einseitigkeit des herrschenden Weltbildes aufzubrechen und einer umfassenderen und realistischeren Welterkenntnis den Weg zu bahnen.